●秋の食卓22……163

イラスト　佐藤真
本文デザイン　大倉真一郎

まえがき

このクッキングノートには、ふつうのフランス人たちがふつうに作って食べている料理、そして友だちや家族がそろった日曜日などに腕を振るうごちそうが載っている。ホウレン草のグラタン、ニース風サラダ、若鶏のロースト、サバの白ワイン煮、レンズ豆とソーセージの煮込み、リンゴのタルト……

食いしん坊で料理を作ることは大好きだが、料理にはまったく素人のぼくが、フランス人の友だちや友だちのお母さんから教わったり、なじみの気安い店で覚えた味ばかりだから、誰にでも作れる。作れない方がおかしいくらいの料理ばかりです。

もちろんパリの星つきレストランの味は、フランス料理の粋が凝縮されたような素晴らしさ。でもここに載っているような家庭料理をひとつ、ふたつと覚えていく方が、「ああ、これがフランスの味」という実感がわいてくるだろう。日本料理だって懐石だけではつまらない。サバの味噌煮とか湯豆腐とか肉ジャガのしみじみとしたおいしさ、そんな味をフランスの家庭料理に探したひとりのグルマン（フランス語で食いしん坊）の探検記と思ってもらってもいい。

誰にでも作れる料理では、グルメ（美食家）たちはきっとがっかりするにちがいないが、こんなふつうの味がフランス人の血と肉と精神を支えてきたんだとぼくは思う。料理雑誌には、カラー写真のうつりがいいヌーベル・キュイジーヌ風料理が満載されているが、パリっ子たちが定食屋で目を輝かして食らいついているのも、やっぱりふつうの家庭料理。

こんなフランス料理に出会ったのは、もう二十五年も昔、パリの南にある大学都市の食堂でだった。そこで出てきたブダンという真っ黒な腸詰め、丸ごとゆでられたアーティーチョーク、グチャグチャにゆでられたホウレン草などに度肝《どぎも》をぬかれてしまった。そして、大した素材を使っていたとは思えないが、毎日の二食が待ち遠しいくらいにうまかったのです。

大学都市の寮から引っ越して、自分でもそんな料理を作れるようになった時のよろこび！　ぼくの最初のフランス料理が、挽き肉を子牛の肉で包んだポピエットだったことを、今でもはっきりと覚えている。ガールフレンドの弟から教わった一品だった。

フランスでは、友人や家族がそろった食事でも、主婦（夫）は台所と食卓の間をバタバタしない。みんなと一緒に食卓についてゆっくりと料理やワインを味わい、子どもたちだって同じ食卓を囲んで楽しそうにきちんと食べている。「いい風景だなあ」と感動したのは、ぼくだけではないはずだ。この余裕はどこからくるのだろう？

一つには、料理は、作る人だけ忙しく犠牲になるのではなく、みんなでそろって味わいたいという考え方が行きわたっているからだ。台所でグズグズしていると「どうしたの、早くおいでよ」と声がかかり、みんなに待たれてしまうことになる。とにかくシェフが席につかないと食事が始まらない。それに、旦那さんはワインを抜いてサービスしたりトリや魚を切り分ける大役を果たすし、子どもたちはパンを持ってきてくれる。招待客だってお皿を下げるのを手伝ったりと見事な協力ぶりを示して、楽しい食事の演出に加わる。食卓にゆとりを与えてくれるこんな優しさはどんどん見習いたい。

もう一つは、いったん火を入れたらあとは焼き上がり煮上がりを待つだけでいいという、彼らの生活スタイルに密着したすぐれた台所道具のおかげ。特に、天火《てんぴ》と、煮込み料理に欠かせない鋳物《いもの》性の厚鍋ココットがそれだ。前菜を食べはじめるころに台所からいい匂いが流れてくるよう、調理時間に気を配って火を入れるだけだ。これからフランス料理と友だちになりたい人は、この二つの道具だけは、ぜひ備えてほしいものです。

アントレ、メイン、チーズ、デザートと起承転結があるフランスの食事は、一つのドラマといってもいい。買い物袋を下げて朝市に出かけ、肉屋、魚屋、八百屋に溢れる素材をながめつつ、「メインはウサギの肉が安いからマスタード風味。デザートは真っ赤に熟れたイチゴをそのまま味わってもらって、アントレはなににしようかな……あっ、食べごろのブリ。チーズも決まった」などと、そのドラマの演出にいろいろと頭を悩ませるのは本当に楽しいことだ。

日本に住んでいる読者の方に、材料がそろわないからとサジを投げてもらっては困る。ウサギや子牛がなかったらトリで間に合わせればいい。牛の腎臓がなかったら豚マメでいい。死のトランペット茸が見つからないのは当然で、それならキクラゲではどうだろう、と想像力を動員してもらいたい。

「ポワローネギでなければいけない」などと主張するグルメには、ここでもひじ鉄を食らわして、日本のふつうのネギを使えばいいのです。ぼくの経験では、かえってフランス人の方が、そんな風に一味ちがったフランス料理を評価してくれるはずだ。家庭料理は百人百様であるのが当然だと思う。

どのみち、彼らとは「味の過去」がちがうのだから、はじめから力んでもしょうがない、どこまでも自然体で料理を続けていきましょう。一度失敗してもくじけない。二度目、三度目は、ずっとおいしくなる。四度目には「この牛の赤ワイン煮の秘訣はなあに」とフランス人から尋ねてくるにちがいない。

これだけの幅と奥行きを持ったフランス料理とつき合っていく幸せ。思わぬ発見の連続で、ドキドキするような興奮を味わうことができる味の旅に、さあ、出発。

パリっ子の食卓

フランスのふつうの家庭料理のレシピノート

春の食卓 ㉔

朝市のサラダ菜専門店（マレシェール）に、
まだ土がついたままのタンポポの葉が
つまれるようになると、春。
しばらくすれば、
パリ近郊で収穫された新ニンジン、
新ジャガ、新玉ネギも登場し、
料理の色合いもだんだん鮮やかになっていく。
復活祭やメイデーなどで家族や友だちが集まると、
こんな春の野菜と
子羊、子牛の肉を煮込んだシチューが食卓を華やかにする。
春も盛りの五月に登場する
アスパラガスとペリゴール産のイチゴのおいしさも、
パリっ子が首を長くして待っているものだ。

春の息吹が感じられる
タンポポのサラダ

わが家は、パリの北郊外にある人口四万人ほどのセヴランという町にある。一軒家なので、小さくて雑草だらけだが、庭がある。春が近づくと、その庭のあちこちに雑草のタンポポが葉を広げはじめる。その葉を摘むと、三、四回サラダが食べられることになっている。別に庭がなくても、ふつうの八百屋にも明るい緑色をしたタンポポの葉がつまれ、季節に敏感なパリっ子たちは、年に一度は春の味を楽しんでいる。ただ、市販されているものは、葉が大きくて柔らかいだけに、苦さに欠けるようだ。タンポポはフランス語でピサンリというが、訳すと寝小便。すぐれた利尿剤として認められているからです。

タンポポの葉を四人分で二〇〇グラム買ってくる。泥がついていることが多いので、丁寧に水洗いをして、よくよく水気を切っておく。サラダボールにオリーブ油か落花生油を大サジ二杯入れ、塩、コショウ。上等の白ワインも隠し味としてたらしておく。水っぽくならないように、食卓へ出す直前にタンポポの葉を加え、よく混ぜ合わせる。

一五〇グラムのベーコンはサイの目に切り、フライパンでゆっくりと炒めていく。きれいな焼き色がついてきたらワインビネガーを大サジ一杯ジュッとそそぐ。木のへラでフライパンの底をこすりながら、こびりついている肉のうま味をビネガーにとけ込ませたら、ベーコンともどもタンポポの葉の上からかける。最後に四つ割りにしたゆで玉子を飾って食卓へ。とたんに春の気配が漂うでしょう。

あらかじめクルトンと呼ばれる揚げパンを作っておいて、このサラダに添えれば本格的だし、ちょっとした昼食にもなってしまう。バゲット・パンを一センチほどの輪切りにしたら、ニンニクをこすりつけて香りを移し、油でコンガリ揚げるだけだ。このクルトンは、トリのワイン煮やブイヤベースにも添えられることが多い。

タンポポの葉がない季節は、やはりかすかな苦味があるフリゼ（エンダイブ）という、葉がちぢれたサラダ菜で代用する。この一品は、パリのレストランのメニューにも前菜としてよくのっているものだ。

●フランスのサラダ菜

レチュ（レタス）は日本のものとちがい、柔らかい葉が開きながら重なっている。レタスの仲間で葉が少し厚いものはバタヴィア、緑が濃く葉が細長いものはロメーヌ。これは歯ざわりがいい。葉が赤っぽくなっているものはロロットという。

チコリ系のサラダ菜は苦味が特徴だ。フリゼはちぢれ葉のシャキッとした噛みごこちに人気があるし、トレヴィーズは鮮やかな赤紫で、ほかの菜とミックスしたい。スカロルは葉が厚くておいしい。秋冬には真っ白な紡錘形《ぼうすいけい》のアンディーヴが大活躍。

●エソルーズ・ア・サラッド

大量の水でサラダ菜を洗ったら、この道具のザルにとり、フタをしてハンドルを回す。すると中のザルが急回転し、遠心力で見事に水が切れてしまうという仕掛け。以前はパニエ・ア・サラッドという専用のザルに入れて、バルコニーで勢いよく振ったものだ。下を歩いていた通行人が「アレッ、雨かな」と空を仰いだりする風景も今はなつかしい。

復活祭のごちそう

ウサギのマスタード風味

春を告げる復活祭、その前後の食卓にウサギが登場することが多い。多産のシンボルだからだろう。脂っぽくなくて消化にいいし、ソースのうまさをよく吸収するような肉質だから、白ワインとマスタード風味のソースで仕上げてみよう。

ウサギは六つに切り分けてもらう。肉のすみずみまでハケでマスタードをまんべんなく塗る。火を通すと辛みはほとんどなくなるので遠慮する必要はありません。バターを厚く塗った天火皿にこれを並べ、タイムをまぶし、塩、そしてコショウを挽きかける。ウサギを返して同じ作業。ニンニクは十片ほど入れたい。皮をむいて輪切りにして加える。トマト三個も四つ割りにして並べる。これにマスタードと相性がいい白ワインを一カップ半ほど注ぎましょう。サイの目に切ったプチ・サレ（塩漬け豚肉）を少々加えれば、ソースがこってりするが、この場合、塩加減はひかえめにした方がいい。

中火の天火に入れて一時間半ほどで出来上がるが、両面にきれいな焼き色がつくように、途中でウサギを返します。何度か煮汁をウサギの上にかけてやれば、色もきれいになるし、おいしさも確実に増す。

ウサギをとり出して大皿に並べる。上品な仕上がりにしたかったら、煮汁をトマトともども裏ごしにかけるのだが、面倒だったらスプーンでつぶすだけでも充分。このソースをウサギの上にかけて食卓へ。ウサギの大きさにもよるが、これで四〜六人分になる。つけ合わせはバターライスがいい。

天火がない人は、厚鍋でバター炒めして、焼き色がつきかけたところでサッサッとマスタードを塗り、前記の調味料、トマト、白ワインを加え、きっちりフタをして弱火で煮ます。やはり途中でウサギを返しますが、肉が煮くずれしやすいので優しくあつかうことが大切だ。ウサギのかわりにトリを使ってもおいしくできる一品です。

ワインは、やや辛口でぶどうの香りが素晴らしいアルザスの白、リスリングがぴったりだが、シノンやソミュールのような、飲み口がなめらかで上品な風味のロワール地方の赤も面白そうだ。

●ウサギ肉

農家で友だちと一週間過ごしてきた息子が帰ってきて一言「ネエ、最後のゴハンに出てきたのが、ぼくらが一週間かわいがったウサギだったんだよ」そういえば、クロード・ベリの長編処女作『老人と子ども』では、ミシェル・シモン扮《ふん》する老人が、戦争中の食糧難にもかかわらず、飼っているウサギを食べることができず、菜食主義者でした。

ウサギの肉は、スーパーでもパックで販売されているが、本当においしく食べたいのなら、ヴォライエ（鳥肉屋）へ。目が輝き、肉は薔薇色、レバーも丸々として鮮やかな赤、というのが新鮮だ。四人なら一キロちょっとのもの、六人なら一キロ半の大きなウサギ。自分で切り分けるのは大変だから、肉屋に頼む。トントンと、モモ、肩、胸、腹と八つほどにさばいてくれる。出っ歯の頭も一緒に包んでくれるのは、いいダシが出るからです。

子どもたちの大好物
カスタード・プリン

九歳になる息子トムと七歳の娘リリに「デザートはなにがいい？」とたずねれば、口を合わせて「クレーム・カラメル！」と答えが返ってくる。きょうは復活祭のお休みで、友だちのファビアン君やアッティカさんもきて、庭に隠されたチョコレートの卵さがし。にぎやかな歓声が聞こえてくる。ぼくも上機嫌にクレーム・カラメル作り。型をひっくり返してとり出し、カラメルが上にかかった状態で食卓に出てくるのでクレーム・ランヴェルセ（上下がサカサマのプディング）とも呼ばれたりする。

牛乳一リットル、玉子六つ、砂糖二〇〇グラムというのが基本的な割合。よく香りが出るように縦割りにしたバニラ一本を牛乳に加えて火にかける。バニラエッセンスでもかまわないが、香りは少々きつくなる。牛乳が熱くなるまでの間に、ボールに玉子を割り入れ、泡立て器を使って丁寧にほぐしたら、砂糖を加えてよく混ぜ合わせる。牛乳が熱くなったらバニラをとり出し、玉子に少しずつ加えていくのだが、急にやると玉子がかたまってしまいます。

次はカラメルの準備。小鍋に砂糖一〇〇グラム、水とレモンの絞り汁少々をとり弱火にかける。木のヘラでたえずかき混ぜながら、きれいな飴色になったら火から下ろし、天火に入れる器の底に敷きます。器を手早く傾けながらまんべんなく薄くゆきわたるようにすること。すぐに固まってカラメルになってしまうが、あとで熱が加わるとまた液体になるので、心配はいらない。器は少し深めのお菓子の型がいいだろう。

天火は一八〇度前後にして熱くしておく。先ほどのプリン液を型に静かにそそぎ、上に浮いてきた泡はとりのぞく。上と下から同時に熱が加わるように、天板に熱湯を入れ、そこに型をのせて天火へ。三十分ちょっとで、かすかに色がついたという感じになったら出来上がりだ。すっかり冷めたら、ひっくり返して型からはずします。天火がなかったら蒸し器を使って、茶わん蒸しの要領で蒸せばいい。

この手作りプリンは、なつかしいオフクロの味を思い出させるのか、大人も子どもたちと一緒におかわりです。

●わが家の構成人員

筆者は新潟生まれで四十八歳。パリに住みついて二十年、現在はタウン情報誌『オヴニー』に料理やアフリカ音楽についての記事を書く。料理好きになったのは、釣ってきた魚を料理する祖父や父の姿を見てきたからだろう。祖父はウナギを見事にさばいてカバ焼きを作っていたものだ。

アンテナさんは、ロンドン生まれで、もうすぐ四十半ばになる熟女。『リベラシオン』という新聞社に勤めている。ぼく同様に料理への好奇心が強く、どんな国のどんな料理でも食べてしまう。納豆だって大好きだ。ただひとつの苦手は、牡蠣！　時々、ミートパイなどのイギリス料理に腕を振るう。

トムは、小学四年生の男の子。最近は、レストランに行ってもきちんと一人前食べる。好物はマグロのサシミ、チャーハン、グラタン料理。クレープを焼くのも上手になった。

リリは小学二年生、食欲旺盛、肉食人種の傾向が顕著な女の子。台所にこもっている匂いで料理を見抜くのが自慢である。好物は、七面鳥のカツ、トリの丸焼き、カスタード・プリンなど。

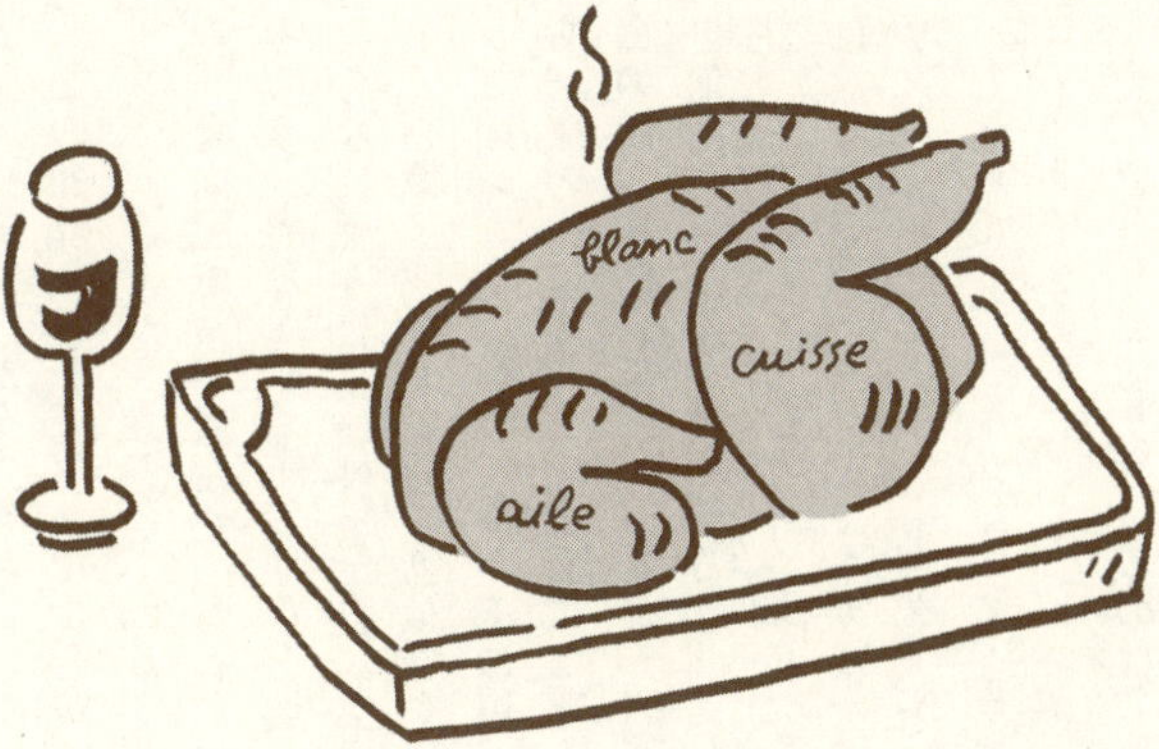

フランス人が一週間に一度は食べる

若鶏の丸焼き

ビフテキと並ぶくらいにフランス人がよく食べている料理がプレ・ロチ。肉屋の店頭にも、この若鶏の丸焼き専用のロースターがすえられ、きちんと並んだ若鶏が強火にあぶられながら回り、いい匂いを放つ。

二十五年前の夏、リヨン近くの国道でヒッチハイクをしていたら、古いフォードのトラックが止まった。運転手は、Tシャツから腹がはみ出るくらいに太った、中年をだいぶ過ぎた男。しばらく走っていたら、Tシャツをめくり上げて背中の傷を見せながら「これはインドシナで君たちの同胞にやられたものさ」と、あまり恨みがましくもなくつぶやいた。インターチェンジ脇の食堂で彼が夕食をおごってくれたのだが、その時ぼくが食らいついていたのも若鶏の丸焼きのモモだったことが、忘れられない。

スーパーでパックされているトリは、そのままローストしてもいいようになっている。鳥肉屋で一羽選んだのなら、「プール・ル・ロチ＝丸焼き用」と頼んで準備してもらう。すると、ご主人は首を切り落とし、内臓を出し、焼いている間にバラバラにならないように長い針で手羽やモモを本体と縫い合わせてくれる。とり出したレバー・心臓・砂ギモも別に包んでくれるはずだ。

このレバー、心臓、砂ギモに塩、コショウする。ぼくはカレー粉も振ったりしてから、腹の中にもどす。表面には薄く油を塗ってから塩、コショウする。これを天火皿にのせ、中強火で四、五十分かけて焼き上げるだけだ。途中、にじみ出てきた脂や汁を何回かトリにかけてやろう。美しい焼き色がついてきたら、背中の側が出るようにひっくり返し、やはりキツネ色になったら、また胸の側を出すという手間を惜しんではならない。まんべんなくカリッと焼き上げるのがうまさの鍵だからだ。天火にクルリクルリと回転するロースターがついていたら、この手間がはぶけていい。

七面鳥だって、キジだって、ウズラだって、焼き時間はちがうけれど、同じようにローストできます。

食卓でトリを切り分けるのは、男の役目と決まっている。みんなの好みを聞きながらサービスする。

ワインはボルドーの銘酒サンテミリオンを開けた。

●トリを切り分ける。

友だちのお父さんが代々の城主である、トゥールーズから遠くない城を案内してもらったことがある。食堂に大きな暖炉があり、その両肩に石でできた獅子頭の彫刻があるのだが、どちらも頭半分かけている。「じつは、貴族たちが、焼き上がった鳥獣を切り分ける前に包丁を研いだからです」と謎解きをしてくれた。というように、フランスでは食卓に丸ごと出てきた鳥獣を切り分けるのは、男の大切な役割になっています。

トリのモモ（キュイス）を引っぱりながら包丁の刃先で胴からはがすようにしていき、つけ根を脱臼させるように切りとる。大きかったら関節のところで二つに切る。次は手羽（エル）で、胸肉をつけて一人前になる大きさに切り出す。あとは胸骨にそって包丁を入れながらササミ（ブラン）をとる。なお尻に近い背中のくぼみにある小さな肉塊は「sot-l'y-laisse（馬鹿は忘れる）」と称される味わい深いところだ。

まずい顔 gueule de raieで
ゴメンネ。でも味はいいのヨ!!

魚の基本料理のひとつ

エイの焦がしバターかけ

日本料理では見くびられているエイだが、フランスでは、骨がなくて食べやすいということもあって人気者だ。特に、この焦がしバターをかける一品は代表的な魚料理に数えられていて、レストランのメニューにもよく登場する。友人のブルーノの弟さんは、ブルターニュ地方の海辺の小さな町に住んでいるが、彼から教わった作り方を紹介したい。

切り分けられて魚屋に並んでいるエイのヒレを、四人分で一キロ買ってくる。アンモニア臭いのは活きが悪いしるしだから避けるようにしたい。丁寧に水洗いしてから人数分に切り分ける。これをクール・ブイヨンというダシで煮る。

鍋に水を二リットルとる。ワインビネガー一カップ、あら塩大サジ山もり一杯、四つ割りにした玉ネギ一個、パセリ、タイム、ローリエ、丁字（クローブ）一本、コショウ小サジ一杯などを加える。三十分静かに沸騰させてから冷ましたものが、クール・ブイヨン。

底の広い鍋にエイを入れ、漉したクール・ブイヨンをヒタヒタにそそぐ。中火で熱し、沸騰直前になったらアクをとり、火を弱くし煮立てないようにしながら厚さにもよるが十分ほどゆでる。「ゆですぎるとパサパサして風味がなくなるから、注意が肝心です」とブルーノの弟に念を押された。

ブール・ノワール（黒バター）と呼ばれるバターソースはとても簡単。鍋にバターを一人当たり大サジ二杯入れ、茶色がかってくるまで熱する。ノワールだからといってあまり焦がしすぎると、消化に良くない。

フライ返しやエキュムワールというアクとり用の網杓子《あみじゃくし》を使ってエイを慎重にとり出す。ナイフで引っかくようにして皮をはずし、温かい皿に盛り付ける。レモンの汁を振りかけ、味を引き立ててくれるケイパーとパセリを散らし、熱い焦がしバターをその上からたっぷりとかけわたす。つけ合わせは、ゆでたジャガイモに限ります。

少々もったりとしたエイと、焦がしバターの香りの名コンビを味わいながらぼくらが飲んだワインは、グロ・プランという、大西洋岸産の気のおけない辛口の白だった。

●クール・ブイヨン

フランスの魚介料理では、クール・ブイヨンというダシでゆでてから、各種のソースをかけて食べるというのが多い。クローブやタイムなどのハーブ、甘みを出すためのニンジンや玉ネギ、ビネガーやレモンなどを加えながら、それぞれが自慢のクール・ブイヨンを作る。残ったクール・ブイヨンをおいしいスープに転用したい時は、水、ビネガーの量をおさえ、白ワインをたっぷり加える。

鍋に水一リットルと白ワイン半リットル、ビネガー大サジ一杯、薄く切ったニンジン二本と玉ネギ一個、好みのスパイス少々、ブーケ・ガルニ、適宜の塩を加え、黒コショウを挽き入れる。これをコトコトと三十分ほど沸騰させて、各材料の味を引き出したら冷まし、魚の上からそそぐ。魚は、切り身の方がスープがうまくなる。ぼくは、四人だったら五切れという具合に、スープ用にひと切れ多く入れる。ゆで上がった魚は、とり出して冷めないようにしておいてメインの一皿になるが、残ったクール・ブイヨンはブーケ・ガルニをとり出し、トマトピューレを少し加え、ひと切れ残しておいた魚と野菜ごと全体をミキサーにかけてしまう。生クリームをたっぷり加えてトロミをつければ、魚のスープ。

土曜日に友だちが四人訪ねてくる

子羊のロースト

　二十年前、通訳の仕事で何度かアルジェリアに出稼ぎに行ったことがある。街を歩いていると、羊一頭分の毛皮が誇らしそうに窓からつるされている風景に、よく出会う。結婚式とか割礼のお祝いのしるしということだった。皮をむかれた中身は、串に刺されて炭火であぶられ、おいしい丸焼きになったのだろう。

　今晩は八人だから、ジゴと呼ばれる一つ二キロ前後のモモ肉を焼くことにしよう。子羊のモモ肉は高価な食材だが、アラブの肉屋に出かければ、少しは安く買うことができるだろう。

　ニンニク四つを細長く切り分け、肉の各所に箸などで穴を開けては刺し込んでいく。オリーブ油を肉全体に塗り、どこにでも売っているスパイス、エルブ・ド・プロヴァンス（タイム、ローリエ、ローズマリーの粉末がミックスされたもの）をまぶしつけ、三時間寝かせておく。

天火は強火（二四〇度前後）、熱くしておく。ジゴに塩、コショウをし、まわりに皮つきのままのニンニク八片ほどを並べて天火に入れる。四十五分ほど焼くのだが、途中で一度ひっくり返したい。外側に軽く焼き色がついたという状態になったら、肉をとり出しアルミホイルでくるんで十五分ほど置いておく。こうすると中まで肉が柔らかくなるからだ。

天板に残った脂だけを捨て、焼けたニンニクを押しつぶしたら、水を一カップ加え、肉とニンニクのうま味を木のヘラでこすりながら溶け込ませる。このソースを漉して小鍋にとり温めておきましょう。

肉の表面に、みじん切りのパセリをたっぷりとまぶし、もう一度塩、コショウし、今度は天火のグリルで焼くことにする。五分もしてパセリが軽く焦げたような状態になったら出来上がりだ。つけ合わせは、塩ゆでにした莢《さや》インゲンというのが伝統的。

ソースを添え、食卓で熱々を切り分ければ、豪華なパーティー料理だ。外側がカリカリと香ばしく、肉の芯がわずかにピンクだったら、もうシェフ。フランスの友人からも「ブラボー」の声が挙がった。

ワインは、まろやかでコクのある赤がいい。ぼくは三年たったボージョレ地方のモルゴンを気張った。

●子羊

日本では、ラムの肉は、冷凍ものが多いせいもあり、その匂いが敬遠されがちだが、フランスでは山地でたくさん飼われていて、その肉の柔らかさと、繊細な味が愛されている。特に春はうまい。羊の国アイルランドからやって来たラムもおすすめだ。

肉質が柔らかいジゴ（モモ肉）はロースト、エポール（肩肉）はローストやブツ切りにしてもらって煮込み、骨付きのコット（ロース）は網焼き、脂身の多いところは野菜と煮込み料理、レバーは薄く切ってフライパン炒め、脳ミソはムニエル……

子羊の肉をたくさん食べる習慣があるアラブ人の肉屋で買うと、安くておいしい。その店頭では頭がいくつもローストされているが、頰の肉が絶品だからだ。いつか、半分冗談のつもりで、この頭を日本人の友人たちに出したことがあったが、さすがに誰も手を出さなかった。

春ならではの贅沢

子羊のシチュー

朝市に、葉つきで結わえられたニンジンやカブ、目にしみるほど真っ白な新玉ネギ、ブルターニュや南仏から届く小さめの新ジャガが並んでいる。こんな春の野菜と、春先の方が味が柔らかい子羊を組み合わせてラグーと呼ばれる煮込みを作りたい。この一品がレストランのメニューに加わると、お客の七割くらいが注文してしまうという、春の人気料理だ。

子羊は、脂身が少なく上品な風味のエポール（肩肉）にした。一つ一キロちょっとはあるだろう。肉屋さんに頼んで、骨ごとブツ切りにしてもらう。

この料理には、ココットのように煮込みに適した厚い鍋を使いたい。鍋に油を多めに入れ強火にかける。コクがほしかったらラードを使う。充分に熱くなったら肉を入れ、焼き色がつくまで炒めていく。ここで小麦粉を大サジ二杯振りかけ、数分炒め続ける。底に少々粉がくっついても気にしない。さらに、みじんに切ったニンニク二片も入れ、いい匂いが立ちのぼったら、ヒタヒタになるように水をそそぎましょう。濃縮トマト大サジ二杯、塩、コショウ、ブーケ・ガルニを加えたら、フタをして弱火で四十五分煮ていく。こんな風にトロミのあるソースの中で煮ていく料理をラグーと称しています。

野菜は、皮をむいて切り分けたニンジン二本とカブ三、四個。それにひと皮むいた小さな新玉ネギを十個ほど。これらを、フライパンでバター炒めする。この時に砂糖少々も加えておくと、出来上がりに何ともいえない、いぶしたような風味が加わる。きれいなキツネ色になったら肉に加え、さらに煮ていく。

三十分たったら、ジャガイモの番だ。羊やカブの味がからみ夢のようなおいしさになるので、八〇〇グラムはほしい。皮をむいてひと口大に切って加えることにしよう。小さかったら丸ごとだ。

ジャガイモが煮え上がるころには、台所から素晴らしい匂いが流れ、家族やらお客さんが鍋をのぞきにやってくる。表面に浮き上がった脂を丁寧にすくい、深めの大皿にでも盛りつけ、パセリを散らす。

ワインは、コット・ド・プロヴァンスの赤。ロゼが有名だが、赤もあたたかい風味がある。

●ココット

鋳物製の厚鍋で、ブランケットとか牛肉の赤ワイン煮など、ゆっくりと煮込む料理には欠かせない。圧力鍋では、早く出来てもコクがなかなか出ないのだ。フタが重いので吹きこぼれることもないから、沸騰していったん弱火に落としたら、二、三時間かけっぱなしにしておいても心配がない。あとは居間で本を読んでいてもいいし、友だちとワインを飲みながら雑談していてもいいという、心から感謝したくなる鍋だ。ご飯もおいしく炊ける。円形もあるが、楕円形の方がトリなどがスッポリと入って便利です。

●ブーケ・ガルニ

基本的には、タイムひと枝、ローリエの葉一、二枚、パセリ少々を、あとで取り出しやすいように結わえる。料理によってはセロリの茎も一本加える。

豚肉はソースが決め手
ポーク・ソテー

映画でだが、オーヴェルニュ地方の農家で一頭の豚が処理されていく全貌を見ることができた。つるした豚に熱湯をかけながら剛毛を剃り、喉ぼとけを裂いて湯気を立てている血をバケツに受け（これはブダンという腸詰めになる）、縦一文字に割って内臓をとり出し、各部分に切り分けていく。こんな豚は水っぽくなく素晴らしい味だったにちがいない。

フランス人も、牛肉より安くビタミンにも富んでいる豚肉が大好きだ。料理の種類もすごく多いが、一番簡単なポーク・ソテーを作ってみたい。ソースは少し凝って惣菜屋（シャルキュティエール）風はどうだろう。

豚肉は、ロースでも、脂が混じり込んでいる肩ロースでもいいから、人数分切ってもらう。余分な脂身をのぞき、よく火が通るようにたたいて伸ばす。

フライパンにバターかラードをとり、両面にきれいな焼き色がつくように強火で炒める。ここで火を少々落とし、中までよく火が通るようにフタをしてもう十分ほど炒めていきたい。

この間に、別の鍋でみじんに切った玉ネギ半個をゆっくり炒め、色がついてきたらパン粉を大サジ一杯ほど加え、さらに全体がキツネ色になるまで炒める。

さあ、肉が焼き上がったころだろう。とり出して、温かくしておいた大皿にでも盛りつける。フライパンに残った脂を捨ててから、白ワインをコップ一杯入れ、木のへラでフライパンの底に付いているうま味を溶け込ませる。強火で二、三分グツグツさせてから、先ほどの玉ネギとパン粉を炒めたものにそそぎ、薄く切った酢漬けのコルニション（小さなキュウリ）を足す。最後に塩、コショウすれば、シャルキュティエール・ソースの出来上がり。このソースを肉にかけまわし、パセリの緑を散らす。

つけ合わせはバターをたっぷり入れたマッシュポテトがいい。コルニションの酸味が、豚肉の風味を引き立ててくれて、ブラボー！　の一品だ。

ワインは、太陽に恵まれ、コクがあって力強いコット・デュ・ローヌの赤がいいだろう。銘酒のコルナスだったりしたら文句なしだ。

●豚肉の利用法

テット（頭）は煮てから薄切りにしてビネグレット和え。エシーヌ（肩ロース）は適度に脂身が混じっているので、ポテのようなシチューやレンズ豆との煮込みに使う。コット（ロース）はカツやソテーにしたり、塊のままローストもいい。ヒレは高いだけに一番柔らかい。衣をつけて揚げたりさっとソテーしたりするが、ソースに凝りたい。ポワント（ヒレ先）はチャーシューがうまい。トラヴェール（スペアリブ）は、アメリカ風あるいは中華風にロースト。ポワトリーヌ（三枚肉）は、燻製にすればベーコンだ。パレット（肩肉）はブツ切りにして煮込んだり、スープに入れたり、ローストしたりする。ジャンボン（モモ肉）は名前どおりジャンボン、つまりハムに加工される。ジャンボノー（スネ肉）は脂っこく、酢漬けのキャベツ、シュークルートとの相性がいい。

豚肉は塊で売られているので、ソテーやカツにする時は、「ドゥー・コット（ロース二枚）、シルヴプレ」という風にきちんと頼みたい。

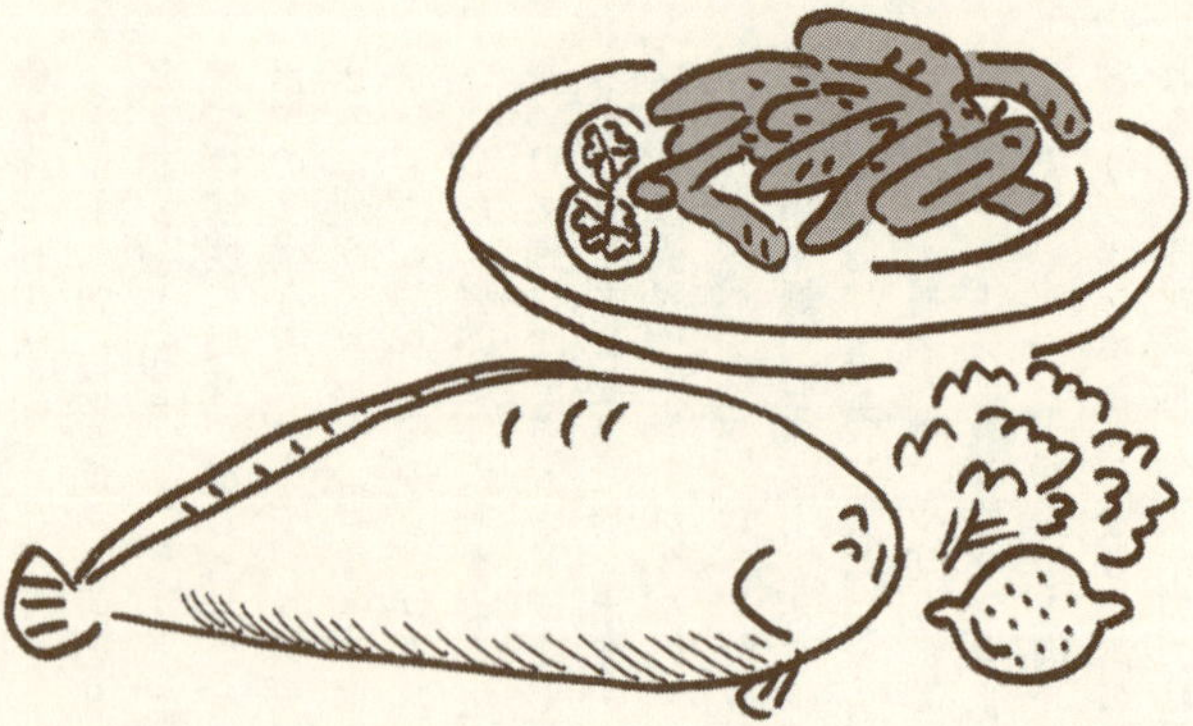

ワルツを踊っては食べていた

舌ビラメのハゼ風から揚げ

パリ郊外、マルヌ川のほとりには、まだガンゲットと呼ばれるレストランが残っている。ひと昔前のパリの庶民たちは、陽気が暖かくなってくると、日曜日にはこのガンゲットにくり出して、川に面したテラスで食事をしたりワルツを踊ったりすることが楽しみだった。そんな一日の様子は、ジャン・ルノワールの中編映画『ピクニック』に美しく描かれています。当時のガンゲットの名物料理は、そこで釣り上げられたグジョン（ハゼ）のから揚げだったのだが、もうそのハゼも釣れなくなったのか、最近は、ニジマスのムニエルとか海の小魚を揚げたものがメニューにのっているだけで、ちょっとさびしい。

このなつかしの味を、ハゼのかわりにソール（舌ビラメ）を使って再現してみたい。大きめの舌ビラメを一尾買うと、魚屋が薄刃でよくしなうヒラメ・カレイ専用の包丁で三枚（正確にいうと五枚）におろし、皮をはいでくれる。見事な包丁さばきにばかり見とれていないで、アラもきちんともらってくること。フュメと呼ばれるおいしいダシが作れるからだ。おろしてもらったらチップを置いてくるのが、フランス流儀。

舌ビラメが高かったら、もちろんカレイやタラのおろし身でもかまわない。小さなハゼの形になるように、おろし身を斜めに細長く切る。これを、塩、コショウした牛乳にしばらくひたす。こうすると、魚の泥くささも消えるし、小麦粉がきれいについて色よく揚がる。牛乳のかわりにビールにひたした方がうまいという人も多い。

魚をザルにあけて水気を切ったら、小麦粉をまぶして揚げていく。煙が出そうになるくらいに油は高温にするといい。カラッと黄金色に揚がったら、油をよく切り、大皿にうず高く盛りつけ、軽く塩を振る。舌ビラメの繊細な味が際立つように、やはりカラッと揚げたパセリも散らし、レモンで飾りたい。

アルザスの手ごろな白ワイン、シルヴァネールでも飲みながら、みんなで陽気にこのから揚げを食べていると、どこからかアコーデオンの奏でるワルツの響きが聞こえてくるようだ。

●フュメ・ド・ポワソン

クール・ブイヨンより濃いダシで、淡泊な味の魚を煮たり、ソースのもととして用いる。魚のアラが材料だが、特にヒラメ・カレイ類は、ゼラチン質が多いので、ソースに使うと素晴らしいコクが出る。魚の頭、身がついている中骨、ヒレ、皮、すべてを鍋にとり、薄く切ったニンジン、玉ネギ、セロリ適宜を加える。ブーケ・ガルニ、ビネガー少々、黒コショウ十粒、ワイン一カップも入れてから、水をヒタヒタに張る。塩は入れません。沸騰したら弱火にし、フタをして三十分たったら、すぐに漉す。骨や皮をそのままにしておくと、糊になってしまいます。冷蔵庫で数日持つ。

●ノルマンディー風の舌ビラメ

このダシでヒラメのおろし身を煮て(弱火)、冷めないようにしておく。たっぷりの生クリームにフュメ適量を混ぜ入れ、薄く切ったマッシュルームも加え、半分くらいになるまで煮詰める。最後にバターもたくさん入れ、塩味をととのえる。これをヒラメの上からかけます。生クリームやバターがたくさん入っているので、ノルマンディー風です。

レモン風味でレバーをおいしく

トリのレバーのソテー

『オヴニー』の料理ページの協力者、由紀子さんも臓物料理が大好きで、定食屋のメニューに羊の脳ミソのムニエルとか、カーン（ノルマンディーの町）風胃袋料理があったりすると、目を輝かす。ぼくも、昔から高級な焼き鳥よりは、ハツ、ナンコツ、レバーなどが出てくるホルモン焼きのファンだったのだが、保健所のお医者さんに尿酸値が高いですよと忠告されて、あまり食べられなくなってしまった。でも、子どもたちには大切なビタミンやたんぱく質の源だし、アンテナさんもトリレバのソテーが大好きだし、やっぱり作ってしまう。みんながパクついているのを見ながら、ぼくは宝物のようにひと口、ふた口、ああ、うまい。

フワ・ド・ヴォライユ（トリのレバー）は、ふつうの肉屋や鳥肉屋で簡単に手に入るし、安い。味も繊細で柔らかいからどんどん利用したいものの一つです。色が赤くてツヤツヤしているものを選びましょう。ベーコン、玉ネギと交互に串に刺して焼いたり、リゾットやパエリアに入れてもおいしいが、レモン風味でソテーした一品も素敵だ。

レバーを五〇〇グラム買ってくる。二つに切り離して白っぽいところや筋を切りとってボールにとる。つぶしたくないので、鋭利なナイフを使いましょう。

フライパンにバターを多めにとって熱くし、薄く切ったエシャロットか玉ネギを炒めたら、レバーを加える。焼き色がついてきたら、塩、コショウ。ほんのひとつまみのカレー粉も隠し風味として入れてもいい。白ワインとレモン半個分の絞り汁も振りかける。終始強火で、水気を飛ばすようにして炒めていくのが大切です。火が通ったなというところで、生クリームをたっぷりと入れ、グツグツといったら出来上がり。パセリを散らしレモンを添えて食卓へ。

レバーのもったりとしたうま味をレモンが引き立て、生クリームが柔らかく包んでいる。温かい前菜にもなるし、ピラフご飯を添えればもちろん立派なメインになるでしょう。ぼくらがよく行くレバノンのレストランでもこの一品が出てくるが、コリアンダーの風味がきかしてある。
ワインは、あまり高くない爽やかなロゼでいい。

●レバー炒めブルゴーニュ風

子牛や、ジェニスという生娘牛のレバーはブルゴーニュ風に赤ワイン風味がいい。薄くステーキのように切ってもらったレバーをバター炒めしたら、皿に盛りつける。フライパンに残ったうま味を赤ワインに溶け込ませて上からかける。小さな玉ネギとマッシュルームのベーコン炒めを添えたら完璧だ。

●ソトゥーズ

肉やレバー、野菜などをソテーする(炒める)時には、ソトゥーズ。ぼくも最初は、フライパンがあれば充分と思っていたのだが、一度このソトゥーズを使ったら、もう離れられない。フタがきちんと閉まるから、さっと色がつくまで炒めたらフタをして材料の水気だけで蒸し煮のように調理ができる。腕の動きにつれて肉や魚がソースとよく混じり合うような曲線になっている。底が広いので煮詰めるのにも時間がかからない。天火に入れたりするので、柄《え》が人工樹脂製のものは避けたい。

口に優しい肉料理

子牛のクリーム・シチュー

若いフランス人でブランケットの作り方を知らない人が多い。簡単で誰にでも好かれる基本的な料理なのにもったいない、と教えてあげる作り方です。ぼくはといえば、二十五年前に最初にパリにやって来たときに、日曜日などによく招かれたりしてずいぶんお世話になった、ルブランさんのお母さんに教わった。シモーヌ・シモンに似たおばさんでした。

子牛の肉は、コリエという頸肉がパサパサせずにおいしい。ブランケット用と称しブツ切りにされて売られているものは、脂が多すぎたりするので目を皿のようにして選ぶこと。温めなおすとうまさが増す一品だから、少なくとも一キロは買ってくる。

肉は角切りにする。ココットのような厚鍋で肉をサッとバター炒めしたら、水をヒタヒタにそそぐ。強火。沸騰してきたら、丁寧にアクすくい。塩、コショウで味をととのえ、ブーケ・ガルニ、丁字を一本刺した玉ネギを一個、四つ割りにしたニンジン二本を加える。フタをして火を落とし、コトコトと一時間ちょっとで柔らかく煮上がります。

肉、野菜、ブーケ・ガルニをとり出し、煮汁をおいしいクリームソースに変身させることにしよう。

まずバターと小麦粉をそれぞれ大サジ二杯溶き入れ、十分ほど煮続ける。茶碗などに玉子の黄味だけを二個分とり、よくほぐし、そこへ少量の牛乳と大サジ一杯の熱い煮汁（こうすると絶対に分離しない。なぜでしょうネ？　とシモーヌおばさん）を混ぜ入れてから、グツグツいっている煮汁に入れる。そして泡立て器で一気にかき混ぜるのがコツ。火は強火。煮汁が白濁してトロリとしたソースができる。生クリームを加えればもっとなめらかになります。

レモンの絞り汁少々でアクセントをつけ、肉と野菜を戻し、別に炒めておいたマッシュルームも加え、パセリを散らす。白煮しておいた小玉ネギを加えるのもなかなかおいしい。つけ合わせはバターライス。輪切りにして蒸し煮したクルジェットも明るい緑色が美しいし、子牛の柔らかい味によく合うものだ。

ワインはフランボワーズの香りがする赤、ロワール地方のブルグイユを開けましょう。

●子牛の肉

母乳だけで育った子牛の肉は高い。柔らかいところはちょっと手が出ない値段だし、そのレバーや胸腺だって「うっ！」と力みたくなるくらいに高価だ。

肉は薄い薔薇色のものを選びたい。赤味が強いものは、もう草を食べはじめた証拠で、子牛の肉ならではのクルミを思わせる風味は期待できないだろう。あまり安いものも、ホルモンを与えられた水ぶくれ子牛の可能性が強く、煮たり焼いたりしているうちにどんどん水が出てきて、結局割高だ。

コリエ（頸肉）は適度に脂が混じり、煮込みにうまい。コット（ロース）はソテーが一番だ。柔らかいノワ（モモ肉）は薄く切ってカツにしたり、炒めてからクリームソースと合わせてエスカロップ・ア・ラ・ノルマンド。安いタンドロン（腹肉）やポワトリーヌ（胸肉）は脂身が多いので、こってりとした煮込みになる。エポールは（肩肉）はローストや煮込み用だ。ジャレ（スネ肉）は、骨ごとブツ切りにして煮込めばミラノ名物のオッソ・ブッコ。ピエ（足）は、二つに割って牛の赤ワイン煮などに入れてコクを出す。

アンテナさんの誕生日なので

チョコレートケーキ

フランスでは、お菓子の上手下手でも、料理の腕が判断されることが多いから、みんな得意のパイやケーキを持っていて、デザートまで油断できません。ぼくの自信作はチョコレートケーキ。きょうは、アンテナさんの誕生日なので、ハートの型を使って作ります。ケーキは分量が細かいし、手順も多いけれど、二度も作れば上手になる。

材料は、甘さがひかえめでココアバターの分量が多いデザート用の板チョコを四〇〇グラム、玉子六個、バター一五〇グラム、それに小麦粉と片栗粉。

天火に点火して（一八〇度くらい）から、チョコレート三〇〇グラムを細かくして水を少量加え、湯せんにかける。

直径二十センチ、深さ七センチほどの型にバターをしっかりと塗って、薄く小麦粉をはたいておく。玉子は黄身と白身に分けそれぞれボールに入れる。白身は逆さにしても落ちないくらいに固く泡立てる。黄身はよくほぐし、甘いのが好きな人は砂糖を大サジ一、二杯加える。苦く作りたい人は砂糖を入れません。そこへトロリとなっているチョコレートを入れ、よくかき混ぜる。さらに、泡立てた白身と粉を、交互に何回かに分けて混ぜ入れていくのだが、粉の分量は、ぼくはビスケットでもムースでもない中間の舌ざわりを目指したいので、小麦粉、片栗粉それぞれ大サジ二杯ほどです。なめらかになったら、大サジ二杯分の溶かしバターも加え（ぼくはコニャックも少々）、型に流し入れ、熱くなっている天火へ。四十分ほどで焼き上がる。

型の中で冷えたケーキを丁寧にとり出してから、光沢あるチョコレートで美しく包むことにしよう。残っている板チョコを、やはり湯せんにかけ、半量のバターを少しずつ加え、なめらかになったら火から下ろす。それが生温かくなったところで、よくしなうナイフなどを使い、優しくケーキをおおい、クルミを飾る。クルミは、あらかじめ薄いカラメルを通しておくと、ツヤが出てきれいです。口に媚びるようなこってりとした味なので、薄く切ってサービスします。

●ケーキの型

天火でケーキやお菓子を焼く機会が多い。その型はいろんなものがあった方が楽しいだろう。テフロン加工のものがくっつかなくて使いやすい。

直径二十三センチ、深さ六センチほどの丸い型①はカスタード・プリンやケーキなど、使いみちが広い。十センチの深さがある型②はシャルロットというムース用だが、プリンにもいい。干しぶどうケーキ用の型③ではパンも焼ける。冠の形をしたサバランの型④も一つ持っておきたい。

お菓子の種を型に入れる時、ボールに種がくっついたまま残ってしまいもったいない。図のようなヘラは、先が柔軟なゴムなので残さずかき出せて便利だが、チョコレートケーキの種のお残りをなめられないトムやリリからは文句が出る。

アフリカの味に挑戦

トリのライム風味

ヤサはセネガルのカザマンス地方のトリ料理で、シトロン・ヴェール（ライム）の風味が爽やか。ダカール出身のミュージシャン、ワジスさんの大好物だが、作るのは奥さんのカオルさん。彼女は東京の下町出身の美人です。「安くて、簡単で、おいしいのよ！」

トリは六つほどに切り分ける。ガラは捨てずにおいしいスープに転用して下さい。面倒だったら最初から人数分のモモ肉を買ってきてもかまわない。これをライム五、六個を絞った汁の中に三時間ほど漬け込むことにする。時々ひっくり返して味がまんべんなくいき渡るようにしたい。

すっかりライム味に染まってしまったトリは白っぽくなる。汁気をよくぬぐい、天火のグリルなどできれいな焼き色がつくまで焼くことにする。天火がなかったら、フライパンでキツネ色に炒めましょう。

玉ネギはたくさんほしい。中五個くらいを二つに割ってから細いせん切りにする。厚鍋に油を半カップとり、この玉ネギをじっくりと炒めていく。油は落花生油がアフリカ流だ。透明になって少々色がついてきたら、塩、コショウ、タイム一枚、ローリエの葉一枚を加える。さらに、先ほどのライムの漬け汁と、あとでとり出しやすいように大まかに切ったライムの皮一個分も入れる。グツグツいいはじめたら、先ほどのトリを玉ネギの上にのせ、フタをし、ごく弱火にして二十分煮ていく。あまり汁気がないようなら少々トリのスープを足してもいい。

煮上がったら大皿にトリを並べ、真ん中に玉ネギを盛り上げ、煮汁をかけまわす。一度焼いてあるトリは香ばしく、ライムの酸味と玉ネギの柔らかな甘さのコンビも抜群！　カザマンスは米どころだけにご飯と一緒に食べる。ただ、この料理には日本米よりはタイ産の香米の方がずっとおいしい。ピリピリという超辛唐辛子を細かく切ったものも添えたい。ライムがなかったら代打はレモンです。

おそるおそる、カオルさんとワジスに味見してもらったら、優しい二人は「おいしい」とほめてくれた。メルシ。ユッスー・ンドゥールを聞きながらカンパーイ！　ワインよりはビールの方が相性がいい。

●《マギー》ソース、極辛唐辛子

「あれは、マギーの陰謀だ！」と、カメルーンから帰ってきた民俗学をやっている友人が叫んだ。パリのアフリカ・レストランでも、テーブルに必ずこの《マギー》ソースの卓上瓶が置いてある。ほとんどの客が、色も味も醤油に似たその液体を、料理の上から振りかける。ワジス家の食卓にもある。これがないとどこかさびしい、アフリカ人の醤油です。

ピリピリと呼ばれる超辛唐辛子を買う時、アフリカ人でもヘタを慎重につまんで選んでいる。本体をさわったりしたら、大変だ。よくよく手を洗わなくてはならない。それをせずに目をこすったりしたら、七転八倒の騒ぎ。きざんでから小皿にとり料理に添えるのだが、ぼくらは翌朝の苦痛も考えて控えめにしたい。「ダカールの家にやって来たイタリア人、よほどおなかがすいていたんだな、ぼくらが目を離している間に、大皿の中央に丸ごと置かれていたこの唐辛子を、トマトと間違えて丸のみにしてしまった！」と大笑いのワジス。そのイタリア人が救急車のお世話になったことは言うまでもないだろう。

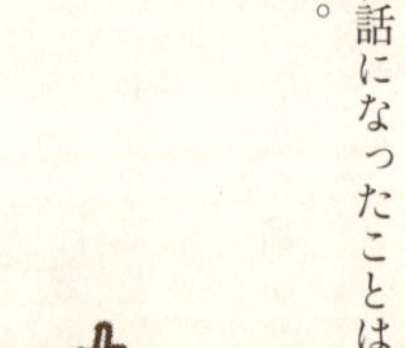

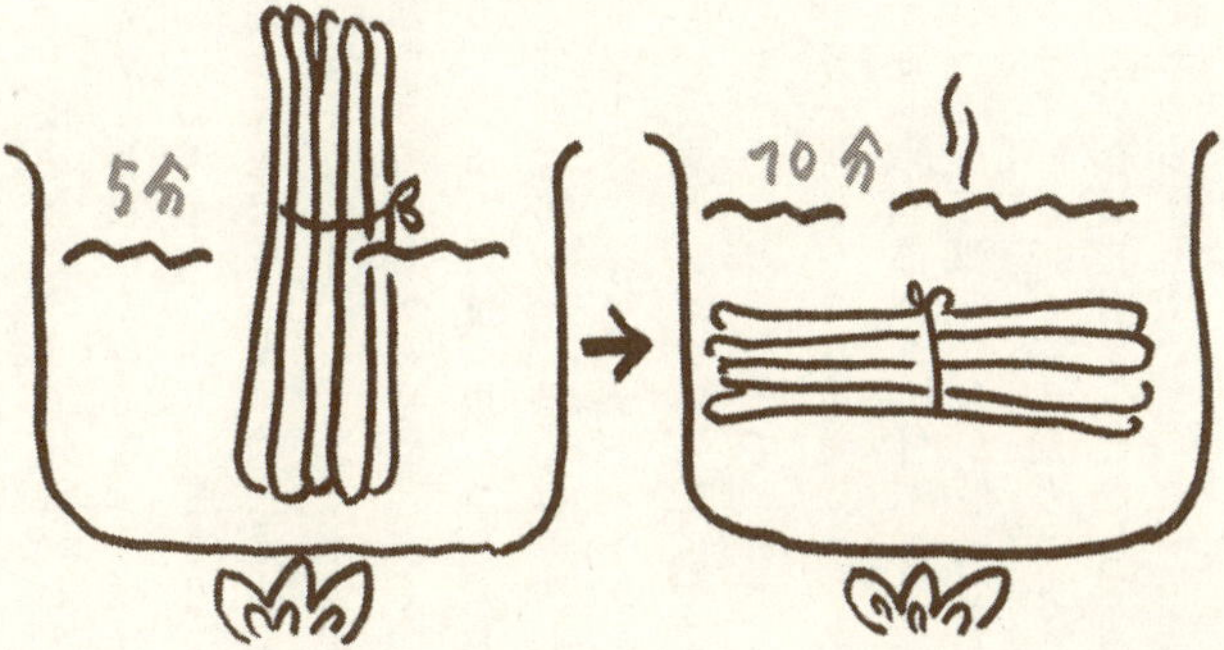

朝市の花形スター

アスパラガス料理

　八百屋の店頭で千両役者という感じで引き立てられているアスパラガス。安くはない食材だが、春になったら一度は食べたい野菜だ。ブランシュという土から掘りおこされた太くて白いものは、値段が高いだけに柔らかいが、やや大味。ヴィオレットは、数センチ顔を出したところで収穫された先がちょっと紫がかったもので、素晴らしい風味。フランス人が、日曜日などに家族や友だちが揃ったときに作るぜいたくな前菜です。奮発して一人二〇〇グラムは用意したい。

　マナイタに並べ、根もとを七センチほど切って長さをそろえ、包丁で根から穂先の方へスッスッと皮をむきます。水洗いしてから、簡単にまとめてゆわえておくと、ゆでるときに先がこわれにくいでしょう。

鍋にお湯をたっぷり沸騰させ、多めに塩を加え、アスパラを、根の方を下に立たせるように入れて、まず約五分ゆでる。それから横にして、十分くらいでゆで上がります。優しくとり出し、よく水気が切れるようフキンを敷いた大皿に並べよう。

熱いうちに食べる時は、よく溶かしバターがついてくる。小鍋にバターをたっぷりとり、レモンの汁、塩、コショウを加え、ゆっくり溶かしたものだ。生クリームを足すと味が柔らかい。ぼくは、少し冷めてきたものを手でつまみ、シンプルなビネグレットソース（フレンチドレッシング）をチョイチョイつけながら食べるのが、一番おいしいと思う。フランスでは、アスパラガスはスジがあって食べにくいから、手で食べてもよいことになっている。

もう一種類ヴェルトというアスパラガスがある。これは穂先が十五センチくらい伸びてから収穫された、主にローヌ川沿いでとれるグリーン・アスパラのことで、これはやっぱり、炒めものが最高です。

フライパンにバターなりオリーブ油などをとって炒めていき、色がついてきたら塩、コショウをし、水を少しさしてふっくらさせるのがいい。焼き魚やトリのソテーに添えれば、春の贅沢だ。

使わなかった根もとも捨てません。ひと皮むいて、干しエビ、グリンピースなどとかき揚げ。うまい！

●ニンジンもシーズンだ

四月になると、丸っこいのや細長いのや、各種の新ニンジンが出てくる。葉つきで束ねてあるものもあり、味は甘く、柔らかい。そんなニンジンをフランス人は上手に料理する。

生のままをおろしてビネグレットソースで和えただけのキャロット・ラペだけど、家庭でも、定食屋でも、前菜としての登板数が多い。パセリをたっぷり散らして、ムンムンするような春の香りを楽しみたい。少し手を加えれば、しゃれた前菜になる。

干しぶどうをレモンのしぼり汁にしばらく漬けておき、ふっくらとしたら、おろしたニンジンを加え、オリーブ油のビネグレットソースで和える。

あるいは、マヨネーズに油漬けのアンチョビーを細切りにして加えてから、おろしニンジンと和え、黒のオリーブで飾れば、ワインのサカナにいい。

図のようなおろし金は、おろしたニンジンが飛び散らずに中にたまるので、とても便利。

フランスでもサバは庶民の魚

サバのマリネ

魚屋に、リゼットと呼ばれる小さなサバが、キラキラとハガネのように光りながら並んでいる。ブルターニュやノルマンディーの近海ものだ。あっさりしているせいかフランス人に愛されていて、大きなサバよりも値段が張る。この小サバ、和風の味噌煮や塩焼きには物足りないが、油を使うマリネや炒めものにいい。

サバの煮びたしといった方がいいこのマリネ、まず漬け汁の準備だ。鍋に白ワイン一カップと、その半量のワインビネガーをとって塩、コショウ。あとは細くせん切りにした玉ネギ、ニンジン、エシャロットを入れたり、パセリとタイム少々、ローリエの葉も加えたり、自分の味を工夫したい。これを火にかけて、二十分ほど静かに沸騰させてよく味を引き出します。

この間に小サバはハラワタを出してよく洗い、水気をしっかりとってから、天火皿に並べておく。この上へ、先ほどの沸騰している漬け汁を、野菜やスパイスともどもかけ、アルミホイルで皿をおおってから天火へ。十五分くらい焼く。鍋で煮てもいいのだが、天火の方が煮くずれしにくい。

天火からとり出したら、できるだけ上質のオリーブ油を全体に振りかけそのまま冷ますことにする。このマリネは、翌日くらいからおいしいものです。ふつう、前菜として食べるものだけど、新玉ネギとポテトのサラダをたっぷりと添えれば、立派な昼食だ。

炒めものも簡単。小サバに塩、コショウしてから、小麦粉をまぶす。それを多めの油で揚げるように炒め、皿に盛りつけておく。

フライパンに新しく油をとって熱くし、みじんに切った玉ネギ、エシャロット、マッシュルーム少々をこんがりと炒めてからビネガーを大サジ三杯入れ、ジュッといったらサバの上に振りかけるだけだ。パセリもたっぷり散らし、レモンを添える。熱々を食べたい。

どちらの料理も、秋が旬のニシンを使ってもおいしく出来上がります。

ワインは、ロワール川の河口で作られるムスカデが合うだろう。キリッとした辛口の白だが、しなやかな果物の香りが口に残り、サバの味が引き立ちます。

●スープ

フランスでは、夕食のはじめに、バター、生クリームなどが添えられてスープが顔を出す。残り物をうまく使っておいしいスープを作るのも主婦（夫）の腕の見せどころ。ポテやポトフのスープが残っていたら、ヴェルミセルという春雨のように細いパスタを入れてお澄ましだ。野菜が残ったら、ほかの季節の野菜も足して水煮してから、裏ごしにかけたりミキサーにかけてクリーム状のスープにする。

春はクレソンとジャガイモのスープがいい。アスパラガスやグリーンピースのクリームスープも忘れがたい。夏ならトマトやバジリコの風味を生かす。秋ならジャガイモとねぎのコンビが素敵だし、カボチャもスープでよく登場する。冬はキャベツやレンズ豆が主役だ。

●ミキサー

野菜が煮えたら、このミキサーを直接鍋に入れて回転させる。ぼくは、野菜のつぶつぶが残っているくらいが好きだが、さらに裏ごしすれば完璧になめらかなクリームスープ。

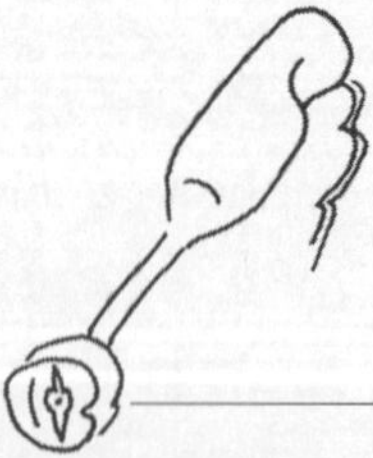

柔らかい緑が美しい
ホウレン草のグラタン

最近ではホウレン草は一年中食べられるが、柔らかくておいしいのは、春。フランス人は、ほとんどドロドロになるまで火を通す人が多いし、チュニジア料理では肉と一緒に煮込まれてソース状態になってしまう。慣れるとこれもおいしいが、少し歯ざわりを残してゆでたり炒めたりした方がやはりうまいです。ホウレン草を使った料理は、なぜかア・ラ・フロランティーヌ（フィレンツェ風）と呼ばれる。そこで、ホウレン草のグラタンにポーチド・エッグをのせてフィレンツェ風と気取ってみましょう。

ホウレン草を一キロ、よく水洗いしてからたっぷりの熱湯で五分ほど塩ゆで。手早くゆで上げないと美しい緑色になりません。ザルにとって流し水をかけて冷まし、固く絞って食べやすい長さに切る。これをたっぷりのバターで炒め、塩、コショウし、天火皿に敷いておく。

どんなグラタンにも欠かせないソースが、モルネーだ。まずバター大サジ三杯をフライパンにとって溶かし、同量の小麦粉も入れ、混ざりあったら半リットルの牛乳を少しずつ加えながら伸ばしていく。このとき牛乳をやや熱くしておくとダマができず、なめらかな極上のベシャメル・ソースになります。火は弱火。このベシャメルにグリュイエールチーズをおろしたものを混ぜ入れ、軽く塩、コショウをきかして味をととのえれば、粘りのあるソース・モルネーの出来上がり。これをホウレン草の上からかけて、強火の天火できれいな焼き色がつくまで焼いていく。

なるべく底が広い鍋に水をたっぷりとり、沸騰してきたら、ビネガーをしっかりと加えて弱火にし、ここへ玉子を静かに落とす。お椀にいったん割り入れてから流し込むと失敗しない。たくさん入れるとくっつくので、一回に二個が限度です。白身が広がってしまうのは、玉子が古いから。静かに沸騰させ、黄身の半熟加減の好みによるが、三、四分たったら慎重にすくい上げて、布巾《ふきん》などにのせて水気を切り、ホウレン草のグラタンに添えます。

玉子料理はそんなにワインに凝らなくていいでしょう。トゥーレーヌ地方の爽やかなロゼにした。

●玉子

フランスの玉子は黄身の色が濃いので、オムレツもびっくりするほど色鮮やかに出来上がる。半熟玉子やポーチド・エッグには、新鮮さが大切だ。ブルターニュの友人はクレープ屋に行くと、店の良し悪しを評価するために、まず玉子だけのものを選ぶ。熱々のクレープの真ん中に黄身がのっている。それが半円球という感じにむっくりと盛り上がっていると「こいつは新鮮」とニッコリ。

●エキュムワール

ポーチド・エッグをすくうのに使う網杓子は、エキュムワールと呼ばれる。本来はスープなどのアク（フランス語でエキュム）をすくいとるものだ。ポトフなどの肉や野菜、水餃子などを引き上げる時にも役に立つ。底の浅い曲線が機能的。ステンレス製で柄のしっかりとしたものがいい。

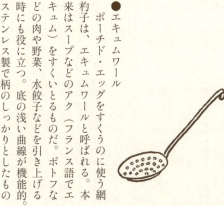

ビフテキ

牛肉そのままの味を楽しむ

パリのブシュリ（肉屋）は立派だ。牛や子牛や羊がヒレ、アバラ、モモなどに分けられて、光沢のある赤い色や薔薇色を見せながら並んでいる。どういうわけか概して鼻の赤い肉屋が、みごとな包丁さばきで、その塊からステーキ用の肉を一枚切り出す。その手先をながめる客の眼も真剣で、フランス人が肉食人種であることをあらためて確認できるのだ。

家でおいしいビフテキを作ろうと思ったら、自分好みの肉選びが大切だ。柔らかくて高いのはヒレ。トゥルヌドやシャトーブリアンと呼ばれる最上級のステーキになるけれど、その隣に位置するちょっと脂混じりのフォ・ヒレ（サーロイン）の方が肉らしいうまさがある。コレステロールの心配がない人なら、脂が霜降りのアントルコット（リブロース）の強靭なうまさが最高です。

肉本来の味を堪能するには、二センチほどの厚さがほしいから、胃の小さい人たちは、ひと切れで二人分というように買ってくるのが正解です。そり返らないように、脂身やスジのところに包丁を入れ少したたいておく。好みでニンニクの切り口を当ててこすり、香りを移すのもいい。

この肉は、フライパンでバター焼きすると脂っぽくなりすぎるから、グリルと称する鉄板で焼く方がいい。つけ合わせの野菜（フライドポテトや莢インゲン炒め、ニンジンのバター煮などなど）が出来上がってから、肉を焼くことにしましょう。

強火でガンガンに熱くしたグリルの上に、両面に軽く油を塗って塩、コショウした肉をジュッと置く。途中で肉を九十度ずらし、焼き目が十字になるようにすれば、プロ並みの仕上がりです。ころ合いを見計らって肉を返し同じ手順をくり返す。レアだったら終始強火です。ミディアムだったら、少々火を落として焼き上げます。

メートル・ドテルというパセリ入りレモン風味のバターをステーキの上にのせ、野菜を添える。苦さがアクセントになるクレッソンの葉も忘れてはならない。

ワインは、大切にしていたメドックの赤の銘酒を抜きたい！

●ビフテキのつけ合わせ・その一

フライドポテトもいいが、ぼくは表面をカリッと炒めたポム・リソレの方が好きだ。ジャガイモを小さなひと口大に切る。炒める時にくっつきにくいように、面倒でも面どりをしておいた方がいい。これをゆでて七分目に火を通したら、ザルにとり水気を切る。フライパンに多めに油をとって熱くし、ジャガイモを入れ、キツネ色になるまで炒めていくだけ。塩、コショウ。中がホクホクでうまい。

●グリル

肉や魚は、ふつうのガス火の場合、網では脂が落ちていぶってしまうので、図のようなグリルが便利だ。鋳物製で重たいものがいい。強火で充分に熱くしてから材料をのせるのがコツだ。魚もこのグリルで焼くと、パサパサしない。

肉食人種ティボー君が作った

タラゴン風味のステーキ

近眼のカメラマン、ティボー君も料理好きで、二人で料理のスタイリストになろうかと真剣に考えた時期があった。彼の得意は肉、肉、肉。「肉が本当に好きなら、オングレか、バヴェットさ」とティボー君。オングレは横隔膜《おうかくまく》の脇の肉、バヴェットもその近くからとれる肉で、どちらも長い筋を持ち、暗い赤味を帯びている。「ハエがブンブンたかるくらいに熟れているとおいしい！」とティボー君は言い張る。最初の肉屋はどちらも品切れ、二軒目でバヴェットが手に入った。その肉を、やはり赤い鼻の肉屋が力を込めてたたき伸ばしてくれた。ティボー君は、八百屋で季節のハーブ、エストラゴン（タラゴン）も買い求めた。ごちそうになりそうな予感。

彼は、まず、ソースに必要なエシャロット一個、タラゴン半束分をみじん切りにした。フライパンにバターをとり強火にかける。ジージーいってきたところで二枚の肉片を入れた。「こいつは絶対にセニャン（レア）がうまい。焼きすぎたら固くて食べられない」ということで、焼き時間は、片面二分半くらい。これで焼き色がつかなかったら火が弱いのだ。焼き上がったところで塩を振り、コショウを挽きかける。「こうすると生焼きの部分も温かくなっておいしいのさ」と言いながら、彼はその焼き上がった肉をアルミホイルで包んだ。

即座にソース作り。残っているバターを捨てたフライパンに、エシャロットと白ワインをコップ半杯入れて強火にかけ、半分になるまで煮詰める。ここで生クリームを大サジ二杯加えてグツグツさせてタラゴンを混ぜ入れれば、素敵な香りのタラゴンソース。全部で二分ほどの鮮やかな手際、彼も本職を間違ったのではないだろうか。「肉の美しい焼き色を見てもらいたいので、ソースを敷いてから肉をのせるのがいいよ」

肉の筋と交差するように切って頰ばると、味わい深い肉汁が口中に広がった。なめらかでいながら個性の強いソースとの相性にも感心してしまった。

ボルドーの赤よりもコクがある、ピレネー地方の赤ワイン、マディランで乾杯！

●ビフテキのつけ合わせ・その二

うちの子どもたちに人気があるのが、ニンジンのクリーム煮だ。皮をむいてから輪切りにしたものを、固めに塩ゆでし、水を切る。鍋に戻して生クリームをたっぷりと加え、それが半分以下の量になるまで煮つめればいい。

●エストラゴン（タラゴン）

トリや魚のソテーに合うタラゴン風味のソースを紹介してみよう。タラゴン一束を細かく切る。鍋に上等の白ワインを一〇〇ccほどそそぎ、タラゴンを煮ていく。すっかり煮詰まったら、濃いめのベシャメルを必要なだけ加え、塩、コショウ。これを熱くし、最後にバターを大サジ一杯足せば、素敵なタラゴンのクリームソース。

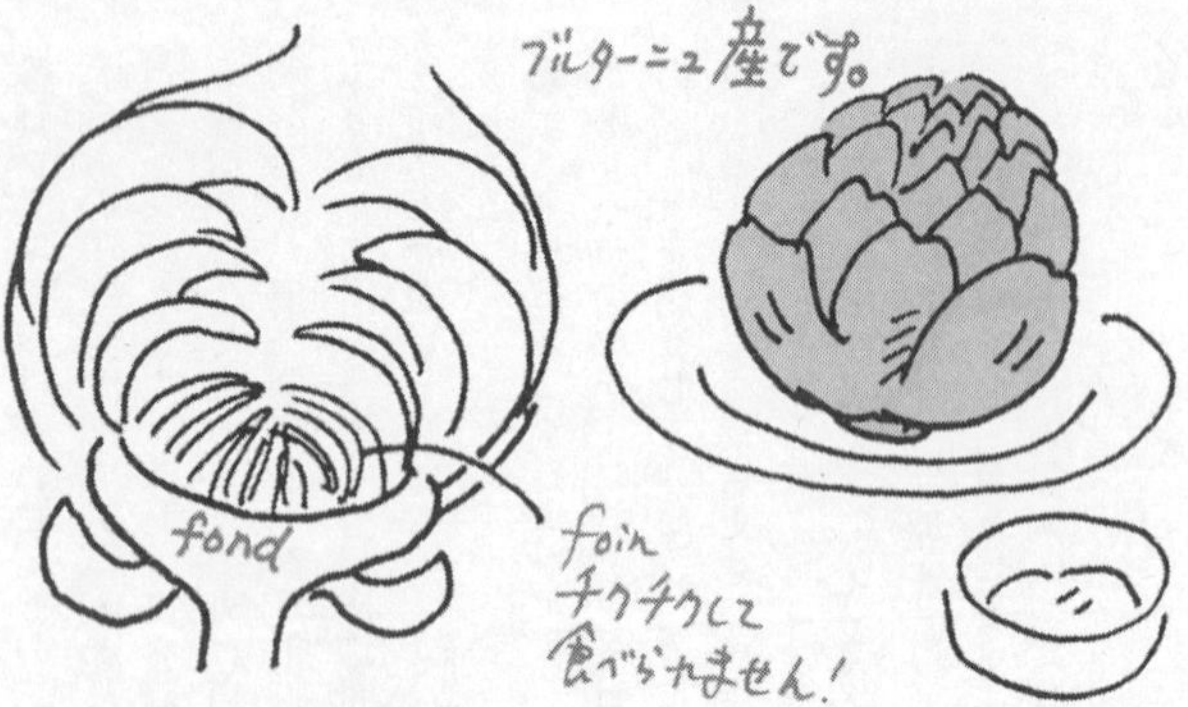
ブルターニュ産です。
fond
foin
チクチクして
食べられません!

最初はびっくりしてしまう

ゆでアルティショ

こんな奇怪な形をした大アザミのつぼみを最初に食べた人はエライ。パリに来たてのころ、学生食堂で丸ごと出てきたときにはびっくりした。第一どうして食べていいのかわからない。おそるおそる隣の人をまねて、アタックしたものだ。

そんなアルティショ（アーティーチョーク）が、春の到来とともに八百屋に出てくる。緑が鮮やかで重たく、フイユ（葉）と呼ばれる部分がしっかりと締まったものがいい。

ザーザー洗ったら、茎を、根もとでポキリと折りとる。こうすると筋っぽいところも一緒にとれてしまいます。切り口にレモンをすり込むと、黒く変色しません。これをグラグラ沸騰している大鍋で塩ゆで。ゆで時間は大きさ・固さ加減によるけれど五〇〇グラムほどのもので三十分というのが目安だ。葉が抵抗なくむけるようになったらゆで上がり。ザルにとり、中の水気が出やすいように逆さにして水を切る。あとで冷めたものを食べるのなら、柔らかくなりすぎないように、ここで流水で完全に冷ます方がいいでしょう。

冷めたものはパセリを散らしたビネグレットソースが一番だが、温かいうちに食べるのならソース・ブランシュ（ホワイトソース）がいいでしょう。このソースは思ったよりも簡単だし、かたゆで玉子やタラゴンやカニの身などを加えれば、魚、トリ料理、サラダを引き立てる素晴らしいソースに変身する。

小鍋にバターを大サジ一杯とり、弱火で溶かす。火から下ろし、小麦粉大サジ一杯加えて混ぜ、即座に水半リットル、塩、コショウ、ほぐした玉子の黄身一個分を加え、丁寧に混ぜ合わせる。これを火にもどし、泡立て器で絶えずそして素早くかき混ぜながら煮ていき、グツグツといったらすぐに火から下ろす。ここでバターを先ほどと同量加え、レモンの絞り汁半個分を加えたらソース・ブランシュ。やはり今が旬のアスパラガスにも合うソースだ。

一枚一枚指で葉をむきながら、その先をソースにつけてむしるように食べていくと、おいしい花托《かたく》があらわれてくる。どこかクワイに似た味で、二日酔いにきく野菜です。

●グリーンピース

もぎ立てをゆで上げたエダマメのうまさ! 五月になって出回りはじめるグリーンピースだって同じこと。食べたいと思った日に市場へ出かけて、サヤが緑色に輝いているもの、中の豆があまり大きすぎないものを買ってくる。四人で最低一キロは食べてしまう。サヤから豆を出す作業は子どもたちに任せてしまいましょう。「あっ、八つも入っていた」とどんどんサヤがからっぽになっていく。たっぷりのお湯で、色よく柔らかくなりすぎないように塩ゆで。豆の新鮮さによるが、十五分くらい。ザルにとって水気を切り、たっぷりのバターで炒めなおす。砂糖を隠し味程度に入れて、塩、コショウ。アンテナさんは、イギリス流に何枚かのハッカの葉を入れて香りをつける。生のままの豆を、ベーコンや小さな新玉ネギと炒め煮したものも、幸せなおいしさだ。子牛や子羊のソテーに添えたい。

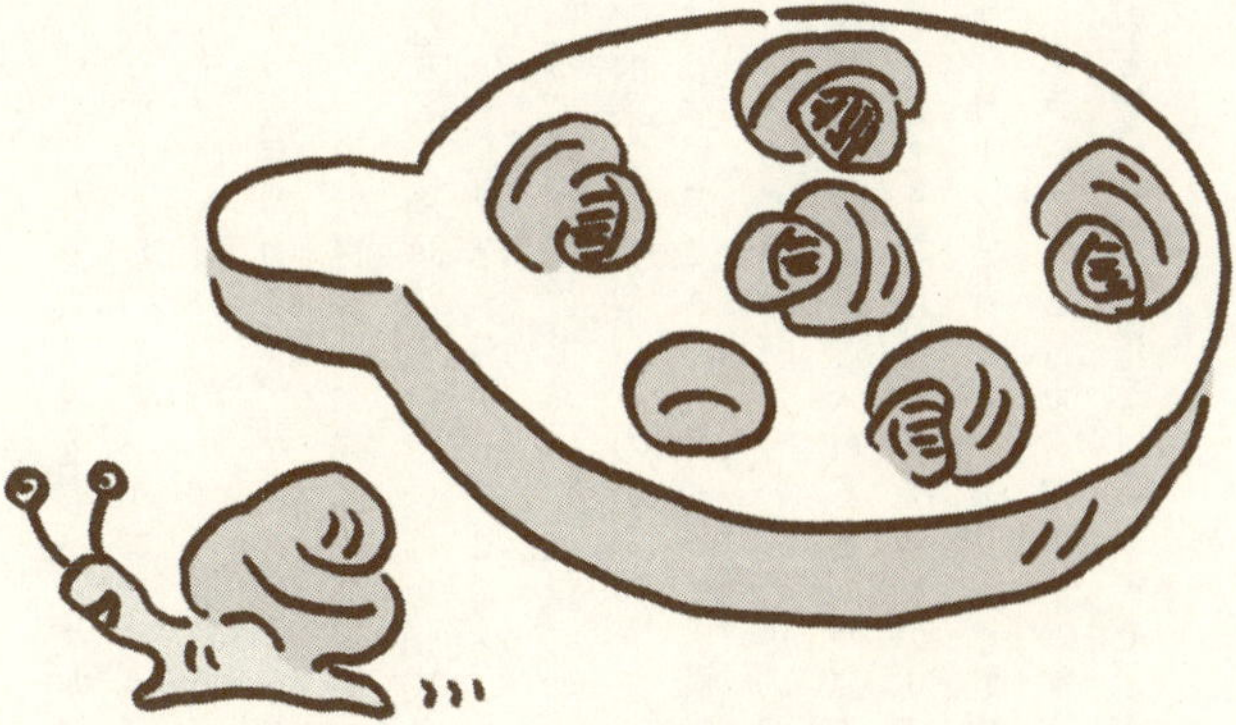

でーんでーんムシムシ……

エスカルゴ料理

春が来て暖かくなると、カタツムリは冬眠から目覚めて動きだす。それを待ち構えている人間たち。二年前、『オヴニー』の取材で、今は少なくなったエスカルゴ屋さんの話を聞きにいったことがある。

「以前は捕獲期間が一カ月に限られていて長期冷凍ができなかったので、ほんのわずかな間しか食べられなかった貴重品。それでオヤジは夏にはアイスクリーム、冬にはカキを販売して生活を立てていたものです。産地から直送してもらったものを、ゆでて洗い、殻から出して不要なものをのぞき、また殻に詰め直して冷凍、一年中お客さんの要望に応えられるようになっています。生きたままを仕入れて加工している店はパリでもウチぐらい。小さい時に乱獲したりするので、ブルゴーニュ産はすっかり少なくなった。それでポルトガル産やドイツ産も置いてあり、一年の販売量は十トンほどです」

冷蔵室の中には、カタツムリで満杯の段ボール箱がうず高く積まれていた。やはりパリっ子の胃袋はケタはずれ！

「新しい料理法もいろいろと工夫されていますが、昔ながらのニンニクとパセリ風味のバターをたっぷり詰めたブルゴーニュ風が一番でしょう」とアドバイスしてくれたのは、水に漬けておいた大量のニンニクの皮むき作業で大忙しの奥さん。

前菜として食べるのがふつうで、グロと称される大きいものだったら一人六個で充分だ。すでにニンニク・パセリ風味のバターが詰められているものを買ってくる。エスカルゴティエという専用の皿にカタツムリを並べる。天火は強火で熱くしておく。カタツムリを入れると同時に火を止めて五分間待ちます。バターがちょっとグツグツしてきたら、もう出来上がりです。焼きすぎると固くなってしまう。あとは小さなフォークで身を引っ張り出して頬ばるだけだ。

フランス人は、カタツムリの風味が移った熱いバターソースを残したりはしない。殻を傾けてパンにかけ「ク・セ・ボン！」

●リスボンのカタツムリ

外国の町に行くと動物園を見逃さないことにしている。リスボンのそれは、田舎町の動物園といった規模だったが、大人も子どもも心から楽しんでいるようで、とてもよかった。そこの食堂でビールのオツマミにとったのが、コショウをきかして塩ゆでにしただけの小さなカタツムリ。楊枝《ようじ》でほじくり出して食べると、しみじみとしたおいしさだった。

●エスカルゴ皿

エスカルゴを焼く時、小さめの天火皿にきちんと並べてもいいのだが、専用皿があれば、すわりもいいし、食卓でも映える。エスカルゴ屋さんでアルミホイル製を安く分けてくれるが、重たく安定した陶器製が冷めにくいし一番だ。一ダースが入るものと、前菜としては大きなカタツムリ六匹がちょうどいいというので半ダース用もある。エスカルゴ専用のピンセットやフォークはなかなかの値段だから、やけどしないようにソッと指で押さえ、小さなフォークでとり出しましょう。

アンテナさんの得意料理
燻製魚の雑炊

パリの魚屋でうれしいのは、店先に大小さまざまな燻製魚がそろっていることだ。イワシに似た小魚をいぶしたスプラット、ニシンをいぶしたキッパー、サバをいぶしたものは黒ペッパーがまぶしつけてある。どれも薄くスライスして、レモンをかけたら、手軽なオツマミになってしまいます。

オレンジ色に美しくいぶし上げられたハドック（フランス人はアドックと発音）はタラの一種で、同じような外見のヒレ・ド・ポワソン・フュメ（真ダラ）よりは高価だが、味が繊細でパサつかない。これは火を入れて食べます。イギリス人の大好物なので、ロンドン生まれのアンテナさんがよく作る二品を紹介してみましょう。

最初はアドック・ポッシェ。まず、皮付きのまま二、三時間牛乳にひたし塩気を抜く。新しく牛乳を鍋にとり、沸騰したら魚を入れ、コショウをしっかりと挽き入れる。パサパサにならないように弱火で煮ていくことが大切だ。厚さにもよるが十分くらい。ゆでジャガが合う。とかしバターにレモン汁、パセリを加えたものを添えます。

もう一品は、ビクトリア朝にインドから英国に伝わったというカレー風味の雑炊、ケッジュリー。映画の中で、帰英したターザンが朝食にムシャムシャ食べていましたね。四人分としてアドック六〇〇グラムを鍋にとり熱湯を注ぐ。ごく弱火で十分間煮たらとり出し、皮、骨を丁寧にのぞき、ほぐしておく。

厚鍋にオリーブ油をとり、みじん切りの玉ネギ一個を軽く色がつくまで炒める。そこへ、洗ってよく水気を切った米を二カップほど加え、透き通るまで炒め続ける。ここでカレー粉を好みの量入れ、香りがプーンと立ったら、先ほどの魚を煮た湯をそそぎ、フタをして弱火で炊き上げます。

最後に魚を混ぜ入れるのだが、味がなめらかになるようにバターもたくさん加えましょう。ゆで玉子の輪切りとレモンを飾り、パセリを散らす。マンゴーのチャツネもあったら、ごきげん、ごきげん。

ワインはボルドー地方の辛口の白、アントル・ドゥ・メールにした。まろやかな辛さがぴったりです。

●ユダヤ人街の燻製魚

パリ三区にあるロジエ通りにはユダヤ人の店が軒を並べる。その中にゴールデンベルグという有名な食料品店兼レストランがある。さまざまな干し肉やソーセージ、ナスのキャビア、タラマというタラコのペースト、ゴマやケシの実入りパンなどに混じって、燻製魚も並んでいる。サケやサバ、スプラットだけでなく、ウナギやチョウザメの燻製もある。どれも薄い塩味、頃合いのいぶし加減、文句のつけようがない。スプラット二〇〇グラム、ウナギとチョウザメ五切れずつなどと取り合わせて買ってくる。

一緒に飲むのは、ムスカデのような辛口の白ワインでもいいけれど、ぜいたくのついでだ、野牛が好むという草の風味がついたウォッカを一本気張りたい。近くの通りにあるスモークサーモンの専門店も、陸揚げされたサケをすぐに燻製すると自慢するだけあって、口にまとわりつくようなうまさ。ユダヤ人は燻製魚に強いのだ。

＊ゴールデンベルグもスモークサーモンの店も、残念ながら今はありません。

キラキラ真っ赤に輝く

イチゴのタルト

三月ごろからスペイン産のイチゴを味わうことができるが、大粒なだけ水っぽい。旬は、ペリゴールやロワール地方で春の陽を浴びながらじっくり熟れたフランス産が登場する五、六月だ。特に、深い赤、やや小粒できれいな紡錘形をしたガリゲットというイチゴは、香りといい、適度に酸味もきいた甘さといい、比較できないおいしさを持っている。こんなイチゴは砂糖を添えて出しただけで立派なデザートになるけれど、タルトにするのももちろん素晴らしい。

まずパット・ブリゼと呼ばれるパイ皮の生地を準備する。このパイ生地は、各種果物のパイだけでなく、チーズやベーコンを入れた塩味のタルトにも使われるものだ。小麦粉二五〇グラムに柔らかめのバター半量を加え、指先でそのバターを小さくしながら粉と混ぜ合わせていく。そぼろ状になったら真ん中にくぼみを作り、そこへ塩少々、砂糖大サジ一杯、水コップ半杯弱を入れ、両手でさっとこね合わせたら、まとめあげるような感じで玉にする。練りすぎると出来上がりが固くなるので注意したい。これを乾燥しないように布巾でくるみ、涼しいところに二時間ねかせます。

イチゴ一キロは、さっと洗ってヘタをとってボールに入れ、レモン一個分の絞り汁と砂糖をふりかけ、さっと混ぜ合わせておく。

イチゴとかフランボワーズなどのタルトは、果物には火を通さず皮だけをまず焼くのがふつうだ。厚さ三ミリに伸ばした生地を押さえるようにして型におさめ、はみ出た縁を切り、底をフォークでまんべんなく刺す。この上に丸く切ったワックスペーパーを敷き、焼いている間に形がつくように乾燥した白インゲンなどを重しとして半キロほど入れ、熱くなった天火（強めの中火）へ。縁にうすく焼き色がつきはじめたら、重しの豆とワックスペーパーをとりのぞき、あともう六、七分焼く。

冷ましてから先ほどのイチゴを並べる。おいしいシロップになった漬け汁には、グロゼイユなどのジャムを大サジ四杯ほど加え入れて、タルトのツヤ出しに使います。子どもたちはイチゴの下にカスタードクリームを敷いた方を喜びます。

●森のイチゴ

種類が多いイチゴだが、香りや味でほかを寄せつけないのが、長さ二センチにもならないフレーズ・デ・ボワ、「森のイチゴ」だ。ボール紙の小箱に入って宝物のように売られている。オルレアン近くで栽培されているものだが、値が張るのでパイは無理。フルーツサラダの飾りで精一杯。

ぼくらの町セヴランにある森の小道脇に、この森のイチゴが群生しているところがある。ほかの散歩者の注目も集めているので、熟しきったイチゴを見つけるのはなかなか大変だが、時々真っ赤なものが葉の裏に隠れていたりする。口に含むと、バラの花を思わせるような芳香、繊細でいながら媚びるような甘さが広がる。

ポールさんが腕を振るった

カモ肉とカブの煮込み

「カモと新カブは仲がいい。カモの産地、ナント地方のごちそうです。このカモは一キロ半（羽をむしられて丸ごとの状態）あったかな。カブは八〇〇グラムほどほしい」とポールさん。前に登場した肉食人種ティボー君の奥さんです。カブは四つ割りにされ、焼き色がきれいにつくように面どりまでされている。

「鍋に入っているのがきのう作っておいたソース・ブリュンヌ（デミグラスソース）。マコト、そんなにこわがらなくとも大丈夫。時間はかかるけれどむずかしくないのヨ」

いくぶん自己流だと彼女が言いわけしていたデミグラスソース、ぼくもあとで挑戦してみたが、できてしまった。バターかラード大サジ一杯に小麦粉同量を加え、弱火で気長に炒めていく。しっかりしたブラウンの色合いになるのには十五分ほどかかるだろう。ここで、おいしい肉のスープを半リットル加えるのだが、なかったら固形スープを溶いたもので間に合わせればいい。沸騰するまで絶えず泡立て器でかき混ぜる。沸騰したら、トマトピューレを大サジ一杯、ローリエやタイム、カモには甘味が合うのでポルトーやマデール酒などもコップ一杯加える。あとはごく弱火にして一時間、表面に浮いてくるアク（脂肪）を丹念にとりのぞくのが大切で、これをやらないと、消化に悪いとのこと。最後に塩、コショウで味をととのえます。面倒ならインスタントのデミグラスで我慢するが、その場合はポルトーを足した方がいいでしょう。

さて、料理開始。ココットのような厚鍋でカモを丸ごときれいな焼き色がつくまで炒める。にじみ出た脂はとり出す。ここでデミグラスソースを入れ、フタをして弱火でじっくりと煮込んでいく。カブは、カモから出た脂で焼き色がつくまで炒めてから加える。カモの大きさ次第だが、一時間前後で煮上がる。ポールさんは途中で二度ほどカモを引っくり返した。大皿にカモとカブを盛りつけ、ソースは別器に入れて出す。

このごちそうを前に、きょうが誕生日のティボー君が大感激したことは、言うまでもないだろう。

ワインは、地中海の港町バンドルの赤が抜かれた。数年前の一本でコクと香りが素晴らしい。

●パリの鳥肉屋

スーパーやチェーン化された肉屋に押されて少なくなってきたヴォライエ（鳥肉屋）だが、その店先をながめていると、さまざまな鳥の肉質や味のちがいを求めてきたフランス人の舌の確かさに、感嘆の声を挙げたくなってしまう。

ニワトリだって、柔らかいコクレ（ヒナドリ）にはじまり、プレ（ワカドリ）、プール（メンドリ）、コック（オンドリ）と家族が勢ぞろい。プールやコックは、肉質は固いが味に深みがあり、ワイン煮などにして楽しむのだ。

カナール（カモ）も数種類。少人数の家庭は、カネットと呼ばれる子ガモやマグレという胸肉で、野性的な味に舌つづみをうつ。

他にも、カイユ（ウズラ）、ダンド（七面鳥）、ピジョン（ハト）は年中手に入る。パンタード（ホロホロ鳥）は大きさも値段も手ごろなので、ローストなどにして、そのしっかりとした肉質を味わいたい。秋の狩猟のシーズンになれば、フザン（キジ）が美しい羽毛を見せながらつるされ、クリスマスが近づくと、見事なオワ（ガチョウ）やシャポン（去勢されたオンドリで大きい上に肉質が柔らかい）が並び、パリっ子の食欲をそそる。

鳥肉屋ガンバレ！

白い坊主頭を料理する

カリフラワーのグラタン

カリフラワーも一年中食べられるが、冬から初夏にかけて出回るブルターニュ産が、ハシバミの実を思わせる風味があってうまい。クリクリとしまった真っ白なものを買ってきます。葉がシャキッとしたものが新しく、しおれていたり、裸にされていたりしたらお古で、香りもビタミンも期待できない。

生か軽くゆでてから冷ましたものは、そのままサラダになる。シブレット（アサツキの一種）を散らしたヨーグルトソースで食べると爽やかだ。

わが家の人気料理は、フランスの典型的なひと皿でもあるグラタン。カリフラワーひと玉

（六人分くらい）をひと口大の大きさに切り分け、水でサッと洗い、塩少々を加えた熱湯で五分ほどゆでる。ゆですぎると香りも歯ごたえもなくなってしまう。

ベーコン、または厚く切ってもらったハムはサイの目に切って湯通ししておく。バター一〇〇グラム＋小麦粉五十グラム＋牛乳半リットルでベシャメルソースを作り、おろしたグリュイエールを溶かし込んで塩、コショウ。ナツメグをきかすと味が引きしまる。

バターを塗った天火皿にカリフラワーを入れ、ベーコンを散らし、ベシャメルソースをまんべんなくかけ、さらにおろしチーズとパン粉を振り、熱くなっている天火（二〇〇度）に入れる。焼き色がついたら出来上がり。熱々を食卓に出す。

子羊のローストなどに合うのは、カレーの香りをきかしたインド風。これは英国領事館の文化部に勤めているデヴィッドさんに教わったレシピだ。茎も短冊に切って使ってしまう。厚鍋に油をとり、みじん切りにした玉ネギを炒め、透き通ったら火を弱火に落とし、食べやすく切り分けたカリフラワーを入れ塩、コショウ。あとはきっちりフタをして、野菜の水分だけで炒め煮していく。

二、三度かき混ぜながら二十分もすれば歯ごたえのあるおいしさになっているはずだ。ここでカレー粉を好みの辛さに加える。マンゴーやライムのチャツネを大サジ一杯ほど足すと、味にずっと深みが出てくるだろう。味をととのえ、全体がなじむようにもう少々炒めれば出来上がりです。

●アリーグル市場のカリフラワー

パリ十二区にあるアリーグル広場に、毎朝、露店市が立つ。野菜、果物が格安なので、フランス人だけでなく、アラブ人、アフリカ人、アジア系の人間たちが、お祭り並みに押し合っている。そこに一軒カリフラワーだけを売っている店がある。客がひと玉選ぶと、大きな包丁で根もとを葉ごと切り落としてくれる。

市が午後一時すぎに終わると、熟れすぎたりキズモノになったりして商品価値のなくなった果物や野菜がうず高く残され、それをお金のない人やジプシーのおばさんたちが拾って歩く。ところが、カリフラワーの店のあとだけは、中国人でいっぱいになるのだ。みんなカリフラワーの葉を拾っては、大きなビニールの袋に放り込んでいる。ぼくも負けずに拾います。目的は、今晩のおいしい、おいしいカリフラワーの葉炒め。

あまり緑が濃いところは固いのでとりのぞき、適当な大きさに切る。厚くなっているところは、そぎ切り。これをゴマ油で炒める。火は強火。しんなりとしたら、オイスターソースを振りかける。

［コラム］おいしいパンは。

十数年前、神戸のパン屋さんがパン修行でパリにやってきて、ぼくが通訳をつとめたことがある。毎日のように通っていたのが十三区にあるパン学校。さすがに国立です。そこで生徒たちは連日粉をこね、成型し、パンを焼き上げ、先生の採点を受けている。

「パリにはいいパン屋が少なくなった。身が白くなるように精白しすぎの小麦粉を使ったり、漂白作用のある塩を、こねる前に入れたり、うまくないのも当然だ」と手厳しいのは、クセジュ文庫に一冊を書いている校長先生だった。

「おいしいバゲット・パンは、小柄で全体にきれいな焼き色がつき、斜めに四、五本入っている切れ目が、はっきりとセリ上がり、カリッと焼けていなければならない。断面は薄いグレー。次は、軽く押しながら匂いをかいでみる。甘酸っぱいイーストの匂いが鼻につくものはダメ、焼けた小麦粉の香りが大切だ。いよいよ味見。皮はカリッと歯ざわりよく、中身はしっとり、あら塩の風味があったりしたら合格点」

この校長先生大推薦の《ガナショ》というパン屋さんも訪ねた。二十区のメニルモンタン通りを登りつめたところにある間口の広い立派な店だ。

　ここも、日本にまで空輸されているポワラーヌのパン同様に、イーストではなくオ・ルヴァンといってパン生地の自然な種で発酵させている。驚いたのはスペイン窯で、直径五メートルくらいの円形焼き床が静かに回転している。厚さも十センチはあるから熱が均等に伝わっていく。こんな窯からじっくり焼き上がって出てくる田舎パンは、小ぶりだが驚くほど味が深い。

　それにしてもポワラーヌの田舎パンの評判はどうだろう。日本にまで空輸されている。スーパーでも切り売りされている。パリのカフェでも「ポワラーヌのパンを使ったサンドイッチあり」と壁に貼ってある店が多くなった。しっとりとした噛み心地、軽い酸味が感じられる独特の風味、工場生産になっても、これだけの質を維持しているのには感心してしまう。


　八月は行きつけのパン屋がバカンスで閉まってしまう。もう一軒の店は、とにかくまずい！　そこで今年は決心してパン作りに挑戦してみた。今までは、手製のパンなんてこだわりすぎと思っていたのだが、こだわるほどむずかしくない。こんなんでいいのか、と怒りたくなるほどあっけない。パン入手が困難だった戦争直後、イギリスの主婦が自分でパンを焼いていた作り方です。

　ルヴュール・ド・ブランジェという生イーストをパン屋で一個買ってくる。粉はグルテンの多いふつうのパン粉は不向きで、ファリーヌ・アンテグラル（胚芽と糠ごと挽いた粉）を自然食品店で買ってくるが、タイプ一五〇と明記してあるものに限ります。

まず、イーストと砂糖小サジすりきり二杯を人肌のぬるま湯半カップで溶き、二十分ほど風通しのない暖かい場所に置いておく。すると菌が活動をはじめ、ビールのように泡立ってくる。

粉を七五〇グラム計って大きなボールにとり、塩小サジすりきり二杯と混ぜ合わせ、真ん中にくぼみをつける。ここにイースト大活動中の液体と約半リットルの人肌ぬるま湯を入れ、団子を作るようにまとめ上げる。軽く弾力が出てきて、ボールにくっつかなくなったら出来上がりだ。あまりこねないのがコツ。これをバターを塗ったケーキの型に入れ、暖かい部屋や、冬だったらストーブの近くなどに三十分ほど置いておくと、もとの分量の二倍ほどになる。

熱くしておいた中火の天火に入れて四十分焼く。台所にパン焼きならではのいい匂いがたちこめる。天火から取り出すと、立派なパン！　すぐに型からはずし、上下さかさまにしてグリルの上で冷まします。こうしないとパンが水っぽくなってしまうからだ。布巾にくるんで保存すれば一週間以上は持つ。トーストすると、ポワラーヌも脱帽の香ばしさ！

非常時でもこれで大丈夫と、気が大きくなってしまった。

バゲットや田舎パン以外にもさまざまなパンがある。細いフィセルや穂の形をしたエピはバゲットと原料はまったく同じ。バゲットに形が似たパン・ブリオッシェは甘味があるので朝食向き。パン・ド・ミ（日本風食パン）は、トーストしてフォワ・グラに添えたり、ハム、グリュイエールをのせ天火で焼けばクロック・ムッシュー。パン・ド・セーグル（ライ麦パン）は穀物本来の味が素晴らしい。薄く切って、バター、レモン、辛口の白ワインと一緒になれば、そう、生ガキのお相手です。朝食やオヤツにいいぶどう入り、チーズに合うクルミ入りなどもある。

近所においしいパンを焼き上げる店を持っている人は幸せだ。ご飯さえうまければ、漬物で充分というのと同じで、あとは、チーズに乾いたソーシソン、それに一杯のワインがあれば、フランス人には最高の贅沢なのです。

夏の食卓 ㉑

夏の香りは、
バジリコ、サフラン、ミントといった地中海のハーブたち。
朝市でも、トマト、ピーマン、クルジェットといった
南仏プロヴァンスの野菜たちが主役になり、
ラタトゥイユやニース風サラダは、
パリでもふつうの料理になってしまった。
忘れられないのは、
ブルターニュからやってくる近海もののマグロとイワシ。
焼いたり、マリネにしたり、そのうま味を味わい尽くしたい。
バカンスで滞在した土地の料理を覚えて帰り、
いろいろと試してみるのも、
夏ならではの楽しさだ。

ゼリーの風味が爽やか

ニジマスの冷製

パリの大きな魚屋では、生けすでニジマスが泳いでいたりする。そこまでいかなくても、ふつうの魚屋でも活きのいいものが簡単に手に入る。パーティーの前菜用に六尾買ってきた。川釣りが大好きなパトリック君から教わったマスの冷製を作ってみよう。

まず魚を煮るクール・ブイヨンを用意する。水半リットル、辛口の白ワイン一カップ、川魚なのでビネガーは多めに大サジ四杯、薄く輪切りにした玉ネギ一個とニンジン一本、ローリエの葉二枚、パセリやタイム、塩小サジ半杯、粒コショウ十粒、以上を鍋に入れ、きっちりフタをして静かに三十分ほど沸騰させてから冷ましておく。

魚はワタを出し、底が広い鍋に重ならないように並べる。これに冷めたダシを漉しながらそそぐ。中弱火にかけ沸騰したら八分ほどで火が通るだろう。煮すぎると身がパサパサしておいしくない。ダシが全体にかぶらないようだったら、水やワインを足します。

このあとの手順がむずかしいが、少々身がくずれても気にすることはない。パトリック君だっていくつかしくじった。魚をとり出し、薄刃のナイフを使って皮を丁寧にのぞき、全体の形が残るように身をはずせば、一尾につき二枚とれるわけだ。これを五センチくらいの深さの容器に並べる。パトリック君は透明なガラスの器を選んだ。

「出来上がりがきれいだからネ」

先ほどのクール・ブイヨンに魚の頭、中骨、皮を戻すことにする。ゼラチン質を引き出したいからだ。これを出来るだけ強火で半分の量になるまで煮詰める。味をととのえたら、やはり漉しながら魚の上にそそぎかける。これを冷蔵庫に数時間入れておけば、そう、液体は白ワイン風味の見事な煮こごりに変身。

サケ・マス類に合う香草アネット（ウイキョウの一種）とレモンを添えて食卓へ。マスタードをきかしたマヨネーズも合う。初夏のおいしい前菜だが、暑い日なんかに、サラダを添えて、ライ麦パンとバターがあれば、素敵なランチにもなるだろう。

ニジマスの上品な味には、ロワール地方の銘酒サンセールの白ワインを選んだ。辛口だが、豊潤なブドウの香り、ビロードのような飲み心地……。

●夏向きの冷たいスープ

暑くて食欲がない時には、ヴィシソワーズという冷たいスープがいい。

ネギは三本、白いところだけを細かく切る。ジャガイモは煮くずれするような安いものでいいから中三個、皮をむいて四つ割りにでもしておく。

まずバターでネギを炒め、しんなりしたらジャガイモを加え、水を一リットル半加える。こってりした味がいいならトリガラのスープにするが、ぼくは水だけ。塩、コショウ、ブーケ・ガルニも加えて沸騰させ、コトコトと四十分ほど煮る。全体をミキサーにかけたら、生クリームを少なくともカップ一杯は加えたい。もう一度沸騰させてから自然に冷ます。さらに一時間ほど冷蔵庫で冷たくしたら、もう一度味を確かめる。カイエンヌペッパーをひとつまみ足すと味が引きしまる。最後にシブレット（アサツキの一種）をハサミできざんで散らします。

白に緑のコントラストが美しく、爽やかな風味、食欲が盛り返してしまう。子どもたちは、半熟玉子の輪切りをのせたものを好むかもしれない。

高い子牛の肉のかわりに

七面鳥のカツ

八百屋に新鮮でみずみずしいニンニクが並ぶ季節。匂いも味も柔らかいので、ブイヨンで二十分ほど煮て羊のローストなどにたっぷり添えてもいい。きょうはカラリと揚げて七面鳥のカツのお供をさせることにした。四人で中くらいの玉ひとつでも物足りないほどのおいしさ。バラバラにし、皮をむいておく。

七面鳥は、エスカロップと呼ばれている胸肉のところを、人数分薄く切ってもらう。ビンなどで軽くたたいて伸ばしておくのだが、肉質が柔らかいので、少し厚めでもかまわない。

両面に塩、コショウを振って小麦粉をはたくようにまんべんなくまぶし、よくほぐした玉子を通してから、パン粉をつける、というのはいつものフライ、カツの手順です。日本の人は西洋のパン粉はキメが細かすぎてと敬遠したりするけれど、薄めに揚げる子牛やトリのカツにはキメの細かい方がきれいだし、うまいものです。押さえつけるようにしながらしっかりとパン粉をつけるのが大切。この下準備、あまり早くすると肉から水が出て衣がふくらんだりはがれたりするので、揚げる直前というのが正しい。

フライパンにたっぷり油をとり、まずニンニクをしっかりと色がつくまで揚げる。こうすれば油にかすかだがニンニクの芳香がつくわけだ。次は七面鳥、中火で色よく揚げる。コレステロールの心配がない人は、油とラード半々にすると、こってりとうまい。

大皿に盛りつけ、ニンニクとレモンを添えれば、見映えのする一品です。つけ合わせは、トマトソース風味のスパゲッティにして、エスカロップ・ア・ラ・ミラネーズ（ミラノ風カツ）としゃれてもいいが、暑い季節はパセリを散らしたジャガイモのサラダの方が食欲が進むでしょう。淡泊な七面鳥の肉にカリッと揚がったニンニクの風味がぴったりで、大拍手。子牛のカツにも負けません。

「トンカツソースがほしい」などと叫ぶタチの悪い人には、ウースターソース（英国製がスーパーでも手に入る）とケチャップとマスタード少々をミックスしたものを、笑顔で出せばいい。

ワインはキャンティの赤にした。

●ビネガー

フランスの酢はヴィネーグルという名前が示すように、ワインから作られる。最近は、タラゴンやフランボワーズ風味のものも市販されているが、ふつうの赤ワイン製のものが一本あったら充分だ。香りはハーブ類を自分で加えて工夫すればいい。ただあまり安いものは、酸っぱさだけが勝って柔らかさにかけるので、少々高くとも、ア・ランシエンヌ（昔風）などと記されたものをもとめる。水のように透明なヴィネーグル・ダルコール（アルコール酢）は酸っぱいだけで長期保存の酢漬け以外には避けたい。

●オリーブ油

地中海料理に欠かせないオリーブ油は、その香りが素晴らしく、わが家の料理に使う油の七割くらいを占める。サラダのドレッシングにはもちろん、熱に強く酸化しにくいので炒め物にも適する。「プルミエール・プレシオン・ア・フロワ」（加熱しない一番絞り）とか「ヴィエルジュ・エクストラ」（混じりけなしのヴァージン）という表記を確かめて買いたい。あまり香りが強すぎるという人は、ユイル・ド・トゥルヌソル（ヒマワリ油）と半々にする。

七月は果物の天国

サクランボの砂糖煮

七月の八百屋は果物屋になってしまう。盛りを過ぎたとはいえ甘みを増した真っ赤なイチゴやサクランボ、オレンジの肌がビロードのようなアブリコ（アプリコット）、みずみずしい白桃や黄桃、レーヌ・クロードという緑色のプラムも出回りはじめた。そんな果物たちの値段が手ごろになると、フランス人なら誰でも作ってしまうデザートが砂糖煮だ。ぼくらもいろんな果物で試してみたい。

最初は、サクランボのコンポット。真っ赤に熟れたものを一キロ買ってくる。ちょっと手間がかかるのが種子とり。小さなナイフで二つに割ってとりのぞく。わが家にはサクランボの種とり専用の道具があるので、トムとリリに声をかけてやってもらうことになっています。出来上がりのおいしさを覚えているので、道具のとり合いが始まるほどだ。もちろん皮をむく必要はありません。

まずシロップを作る。厚めの鍋に砂糖を入れるのだが、量は一五〇グラムから三〇〇グラムの間で、自分の甘さを見つけたい。長く保存したい時は多めに入れる。これにコップ一杯の水を加えるのだが、ぼくはかわりに上等の赤ワインを入れる。相性のいいカネル（シナモン）の粉も少々加え、強火でグツグツといわせアルコール気を飛ばしたら、サクランボを加えてフタをし、ごく弱火に落とす。これで八分煮るだけ。サクランボを網杓子でとり出し、きれいな器に入れる。果物から出た水分でシロップのかさが増えているので、しばらく煮詰めましょう。このシロップをサクランボの上からかけて冷ませば、出来上がり。

一年中あるリンゴも砂糖煮がおいしい。一キロのリンゴは皮をむき、四つに割って芯をとる。これを砂糖二〇〇グラムとサクランボよりやや多めの水で作ったシロップで煮ていく。縦に割ったバニラを半本、レモンの絞り汁も加えたい。形がくずれたらジャムになってしまうので、十分もたったらリンゴをとり出し、シロップを煮つめて上からかければいい。

そのままか、ヨーグルトや生クリームを添えたりする。大人は同じ果物からできた

●果物の蒸溜酒

サクランボを発酵させ蒸溜したものはキルシュといい、透明な液体の中に果実のエッセンスが詰まっている。コンポットだけでなく、フルーツサラダに入れたりする。この種の透明な蒸溜酒はアルコール・ブランと称され、ミラベル、ポワール（ナシ）、フランボワーズなど、果物が原料だ。食後に小さなグラスに注いでそれぞれの果実の香りを楽しみたい。

リンゴの蒸溜酒はカルヴァドス。熱いコーヒーに入れてもうまく、カフェでも「アン・カフェ・カルヴァ、シルヴプレ」と対にして頼む人が多い。これにも度の強い極上物があり、コニャックにも負けない香りを持っている。

ぶどうの蒸溜酒といえば、もちろん琥珀色の銘酒コニャックやアルマニャック。最高の食後酒であるだけでなく、肉を漬け込んだり、調理中のトリなどに振りかけてフランベ（火をつけて香りをつけること）したり、大活躍する機会が多い。

パリのマグロは活きがいいから

バスク風マグロ料理

九四年七月、スペインの漁民が、フランス漁民のマグロ流し網漁は資源の乱獲にあたるとして、強硬手段に訴え、大きな話題になった。そこで今回は、一本釣りの活きのいいマグロが自慢のバスク地方の名物料理。近海もののマグロが店頭に並ぶ、初夏から初秋にかけての一品です。

マグロは、四人分で八〇〇グラムほしい。ぼくは一キロちょっとをドサリと筒切りにしてもらい、刺身も楽しみます。四つに割って皮をのぞき、三センチ四方ほどの角切り。ソースの風味で血合いのところもおいしく食べられるので、とりのぞく必要はない。

フライパンにオリーブ油を半カップほどとり、せん切りにした玉ネギ二個と、みじん切りにしたニンニク五片を軽く色がつくまで炒める。ここでせん切りにした大きな赤ピーマンを三、四個（このくらいの量でないと風味が出ない）、皮をむいてきざんだトマト五〇〇グラムを入れる。ジャガイモも一人分中一個、やはり皮をむいて二つに切り分けて加えることにしよう。塩、コショウ、タイムとローリエの葉を加え、かき混ぜながら十分ほど火を通します。

天火用の皿にマグロを並べ、塩、コショウし、フライパンでグツグツいっている野菜たちをソースともどもそそぎ入れる。これを、すっかり熱くなった天火に入れて四十分ほど焼くだけという簡単さ。かなりの強火にしないと、マグロがおいしくなりません。ジャガイモにきれいな焼き色がつけば完成です。

パセリをたっぷりと散らして食卓へ。熱々をフーフーいいながら食べる。カリッと焼けたジャガイモ、とろけるような赤ピーマン、そしてマグロも、ソースとオリーブ油のおかげでしっとりと、うまい！

天火がない人は、まずピーマンとトマトを三十分ほど煮てから、マグロを加えて煮込めばいいだろう。ジャガは別ゆでにして添える。

この料理は赤ピーマンの甘味が決め手なので、緑のピーマンではおいしく出来ません。

魚料理といえどもこってりとした味なので、ワインは、ボルドーのグラーヴ地方の白がいいでしょう。辛口でも酸味が少なくトロリとしている。

●ジェルモン

初夏から秋にかけて魚屋にドンと置いてある、小さめで、身が薄い薔薇色をしたマグロは、トン・ブランとかジェルモンと呼ばれている。英語ではホワイト・ツナ。バスク人が一本釣りで仕留めるのもこいつだ。近海ものの活きのよさ、ほどほどのトロ加減、刺身に最高だ。

このジェルモン漁で盛んな町はブルターニュのドワルヌネ。そこから遠くない港町に行く機会があったので、もちろん包丁、醤油、ワサビを持参した。ところが、値段は高いし活きの方もまあまあ。ガッカリしてパリに帰ってきたら、スーパーで、肌が光り輝くように新鮮なジェルモンを売っているではないか！　それに半値。流通機構のカラクリのせいとはいえ、パリは魚好きにとって天国なのです。

●バスク風

トマト、赤ピーマン、ニンニク、バイヨンヌ産の生ハムなどが入るとバスク風。バスク風のオムレツやバスク風トリのソテーなどが有名だ。

太陽がお皿に落っこちた

ピペラード（赤ピーマン炒め）

南仏、スペイン、ポルトガル、ギリシア、モロッコと地中海沿岸を旅しながら、さまざまな料理を味わってもどこか共通するこの香り、このコク。どうやらオリーブ油に秘密がありそうだ。

そのオリーブ油で赤ピーマンやトマトを炒め煮したものがピペラード。やはりスペイン国境にあるバスク地方の名物料理です。この作り方は、数年前パリ＝ダカール・ラリーの最中にヘリコプターが墜落して亡くなった歌手バラヴォワンヌが「オフクロの得意料理です」とテレビで紹介していたものだ。

大きめのフライパンにコップ半杯くらいのオ

リーブ油をとり、みじん切りにした玉ネギ一個を炒め、つぶしたニンニクも加える。いい香りが立ったら、大きくせん切りにした赤ピーマンを七〇〇グラムは加える。好みでは緑のピーマンを混ぜてもいいけれど、肝心の甘みは赤ピーマンでないと出てこない。

しばらく炒め続けると、しんなりして、油に赤い色素がにじみ出てくるだろう。ここでトマトを同量加える。酸味をおさえるために砂糖ひとつまみ、そして塩、コショウ。木のヘラで絶えずかき混ぜながら、三十分くらい炒めれば完成という簡単料理です。水気が飛ぶように、フタをしないのがコツといえばコツ。トリ肉、豚肉、玉子料理に添えれば、暑い太陽がお皿に落っこちたような鮮やかさです。

残りを煮かえすなら、少々手を加えて変化をつけたいものです。ぼくは、グツグツと熱くなってきたら、さいの目に切ったベーコンを入れる。バイヨンヌ産の生ハムだったら、もっと本格的だろう。ベーコンや生ハムに火が通ったら、一人当たり二個、玉子をときほぐし、静かに流し入れる。半熟加減になったら、ペルシ・プラというちぢれていないパセリをきざんで散らし、皿にとり分ける。

熱々を頰ばると、ピペラード、ベーコン、玉子の渾然とした味が口いっぱいに広がり、病みつきになりそうだ。

ワインは、地中海でもスペイン寄りのミネルヴォワの赤はどうだろう。最近どんどん良くなってきているワインで、力強さの中に豊かな風味が隠れている。

●赤ピーマンのサラダ

パリの建物は階段においしい匂いが漂う。十一区では七階に住んでいたのだが、時々香ばしく甘酸っぱい、食欲をそそる匂いが昇ってくる。四階に住んでいるチュニジア出身のユダヤ人一家が赤ピーマンを焼く匂いだったのです。

天火の上火かガス火を使って、赤ピーマンを二、三個まんべんなくコンガリと焦がす。これは皮をむくためでもあり、香ばしくするためでもあり、ピーマンの甘みを引き出すためでもある。焼けたら、新聞紙に包んでしばらくおいておくと、皮がむきやすい。細長く切って皿に並べる。そこへオリーブ油、細かなみじんにしたニンニク一片、パセリ、レモンの絞り汁、ビネガー少々を合わせたソースをかける。あんまり酸っぱくしない方がいい。二時間ほど冷蔵庫で冷やしてから食べます。

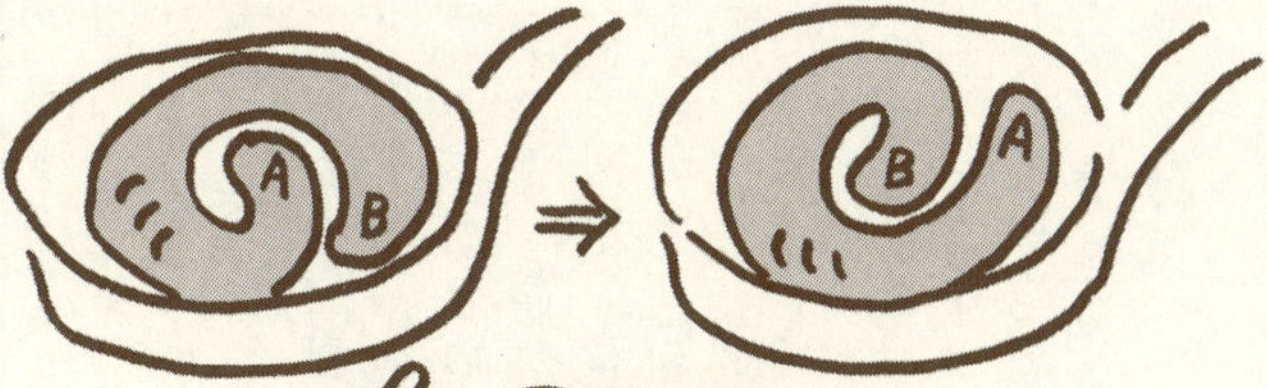

不気味にトグロを巻いている

トゥールーズのソーセージ

　ある夏、トゥールーズから遠くない村にある友だち夫婦の家に招待された。その、もと田舎司祭の家と目と鼻の先にタルヌ川があると聞いていたので、釣り道具も持参。マスでも釣り上げて塩焼きにというねらいだったのだが、現実は厳しく、空びくを下げて帰る日ばかりが続いた。そんな時、心優しいジェルトリュードさんは、冷蔵庫から不気味にトグロを巻いた腸詰めをとり出して、焼いてくれました。

　豚肉を挽いて塩、コショウし、ソージュ（セージ）などのスパイスと混ぜ合わせ腸に詰めたものは、ソシス・ド・トゥールーズと呼ばれるくらいで、この地方の名物料理だ。パリでも、シャルキュティエ（豚肉屋）に、太かったり、細かったり、トグロを巻いていたり、一本ずつになったりして並んでいる。ぼくは十一区のラップ通りにあるオーヴェルニュ地方の名産品店で買う。ソシス・オ・クトーといって、肉を包丁であらくたたいてから腸に詰めたものがあるからだ。人数分の長さに切ってもらう。

ソーセージの中の脂が出やすいように、フォークの先でまんべんなく穴を開け、フライパンにトグロのままでのっける。中までよく火が通るように、弱火で焼いていく。ジュージューと脂がにじみ出てくる。フライパンの中央部だけに焼き色がつくようだったら、図のようにトグロの中央部と周辺部を入れちがいにしてやるといい。しっかり焼き色がついたらひっくり返す。焼き上がるのに四十分くらいかかるはずです。

皮つきのままゆでた新ジャガを添えて大皿に盛りつけ、食卓で切り分ける。マスタードをたっぷりつけて食べたい。たくましい肉の味とスパイスのハーモニーに舌鼓をうつ。夏バテ知らずのスタミナ料理です。

翌朝、ジェルトリュードさんがパンを焼いて塗ってくれたのが、なんと腸詰めからにじみ出て固まってしまった脂。うまい！

ワインは、近くの町ガイヤックの陽気な赤。パリでも見つかるすぐれた地酒だ。ガイヤックの白はペルレと呼ばれるが、かすかに酸味があり、爽やかに発泡するワインだ。暑い日の午後は、この白ワインを飲みながら過ごす。おやつのケーキにも合ってしまう。

●ソシス

フランスのソーセージは、火を加えて食べなければいけないソシスと、そのまま薄く切って食べることができるソシソンの二つに分けられる。

ソシスで、焼いた方がおいしいものはシポラタ。これはトゥールーズ風ソシスと詰めてあるものは同じだが、ずっと細いから調理時間が早い。

あとのほとんどは、ゆでたり煮込みに使った方がうまい。太めのモルトーはいぶしてあって独特の風味があり、レンズ豆との煮込みなどにいい。モンベリアールも同じ種類のソシス。牛と子牛の肉で出来ているフランス産のフランクフォールは、中身が練り状なので、日本のソーセージを思わせる。少し細くて表面がオレンジ色のストラスブール同様、シュークルートには欠かせないし、クセがないので子どもたちにも人気がある。

スペインやポルトガル産のチョリゾは辛いものと辛くないものがあるが、スープやパエリアに入れたり、焼いたりもする。

夏野菜のオンパレード

ラタトゥイユ

日差しが暑くなるにつれて、夏野菜がどんどん安くなる。アリーグル市場に出かければ、アラブ人の露店では、ナスもクルジェット（ズッキーニ）もピーマンもトマトも、そろって半額くらいだ。今晩のメニューが決まってしまった。地中海の野菜料理ラタトゥイユ。野菜の割合は好みだが、ぼくは、各野菜一キロに対してピーマン半キロというところ。煮直しても、冷めたものをサラダのように食べてもおいしいものだから、いつもココットのような厚鍋でたくさん作ることにしている。

ナスとクルジェットは、なるべく小振りで皮がいたんでいないものを選ぶ。うま味がある皮はむかずコロコロッと切ればいい。よく熟れたトマトは、皮が気になる人は湯むきにして、四つ割り。ピーマンは赤と緑を半々にしてみよう。種子をとり適当な大きさに切る。あとは玉ネギを一、二個せん切りにしておく。

鍋にたっぷり、たっぷりオリーブ油をとり、まずナスと玉ネギを炒め、油となじんだところで、他の野菜も加え、塩、コショウ。つぶしたニンニクを三片ほど、ローリエにタイムも入れる。タイムは多めに入れた方がプロヴァンスらしい。鍋にフタをすると汁っぽくなってしまうので、フタをとったまま、弱火で炒め煮していく。野菜に歯ごたえのある方が好きな人、とろけるようになって各野菜の風味が混じり合ったくらいが好きな人と好みもさまざまだが、三十分前後。最後に、香りとコクをつけるために、新たにオリーブ油を大サジ二杯ほど加え入れ、フツフツといったら出来上がりです。

肉にも魚にも合う夏ならではの素敵なつけ合わせだ。フツフツいっているところへ、玉子を落として半熟加減にし、トロリ流れ出た黄身とミックスしながら食べると、うまい。チュニジアのレストランでは、魚のから揚げと目玉焼きが一緒になったコンプレ・ポワソンという一品があり、ラタトゥイユが添えられる。

マルセイユ生まれのベルナールさんによれば、本格的なのは、それぞれの野菜の持ち味を保つために、別々に煮込んで最後に混ぜ合わせるのだそうだ。うん、それはうまそうだ。いつか試したい。

●クルジェット（ズッキーニ）バンザイ！

パリ近郊でも栽培され、年中手に入るようになったウリ科の野菜クルジェットは、持ちがいいだけでなく守備範囲も広く、本当に頼もしい。種子がないようになるべく細く、表面に光沢があるものを選びたい。皮はむく必要はない。

ラタトゥイユのような煮込みだけでなく、輪切りにして炒めればなかなか繊細な味で、魚や子牛料理の素敵なつけ合わせになる。二つ割りにして種子の部分をスプーンで削り、挽き肉を詰めて天火で焼いてもいい。さっと塩ゆでにしたものに、ナツメグをきかしたベシャメルをかけたグラタンもうまい。

和風だったらテンプラにすると上品な味だ。トリ肉やシイタケと薄味で炊き合わせてもいい。中華風だったら、ゴマ油にみじん切りのネギやショウガを入れてから炒める。仕上げに醬油や酒をからめれば素敵な酒のサカナだ。

英国風とは趣がちがう

ロースト・ビーフ

　ロンドンにあるアンテナさんの実家で、お母さんが英国風ロースト・ビーフを焼いてくれた。骨付きのサーロインをそのまま焼いたもので、切り分けると芯がやや薔薇色で、フランス風よりは火が通っている。そしてフンワリとおいしいヨークシャ・プディングが添えられ、グレービーソースがかかっている。

　それに比べると、フランスのロースト・ビーフは、じつに簡単な料理だが、牛肉だけは極上のものを使うから、気安くは焼けません。肉屋に、《ロスビフ》と呼ばれる、薄い脂身をまとって紐でくくられた肉の塊が並んでいる。安いものはモモ肉だったりして固いので、たまの贅沢と勇気を出し、ド・リュックスというサーロインやランプから切り出したものを買いましょう。うまく焼こうと思ったら、少なくとも八〇〇グラムの塊がほしい。

焼く一時間前に肉を冷蔵庫から出しておく。天火はごく強火（二五〇度以上）にして点火する。肉の表面に軽く塩とコショウをまぶし、金属製の天板に脂身を上にして肉をおき、熱くなった天火に入れる。

芯がレアで赤く、そのまわりが薔薇色で、ごく外側だけがしっかりと焼けているというフランス風ロースト・ビーフは、半キロ当たり十二分から十五分というのが焼き時間だ。つまり一キロだったら二十七、八分というところ。焼き上がったら天板からとり出し、切り分けるまでアルミホイルで包んでおく。こうすると肉汁が芯までしみ渡り、切った時に流れ出ません。

天板を直接ガス火にかけて、こびりついたうま味に色をつけ、水を一カップ加える。ヘラでうま味をよく溶かしてから鍋にとり、急速に半分くらいまで煮詰め、塩、コショウで味をととのえれば、素敵なソース。あらかじめ作っておいたカラメルソースやインスタントのフォン・ド・ヴォ（子牛の肉と骨がベースのダシ）を少量加えて、味を深くしたら文句なしです。

薄く切ったロースト・ビーフに、バターがたっぷり入ったマッシュポテトなどをつけ合わせ、ソースは別に添える。柔らかい肉の風味が忘れられない傑作だ。

ロースト・ビーフには、タンニンがすっかりまろやかになった数年前のボルドーの銘酒を飲みたい。

●牛肉

フランス人は毎年五〇〇万頭近い牛を胃袋におさめる。それだけ日常食になったのに、まだ高い。調理法を工夫して安い部分もおいしく食べたいものだ。ヒレ、フォ・ヒレ（サーロイン）、アントルコット（リブロース）、ラムステーキなど、値段の高い肉は柔らかい。ステーキのように短時間強火で焼いて味わいたい。あまり高くないバス・コット（肩ロース）は脂身が適度に混じっていてステーキやスキヤキにもいいし、赤ワイン煮にしてもおいしいのでどんどん利用したい。後ろ足のモモからとるトランシュは並ステーキや挽き肉用。安いマクルーズ（前足のモモ肉）やジット（スネ肉）は、長時間コトコトと煮るポトフやワイン煮に向いている。プラ・ド・コット（アバラ肉）は脂っこい煮込み用だ。ラング（舌）を使ったポトフもうまい。

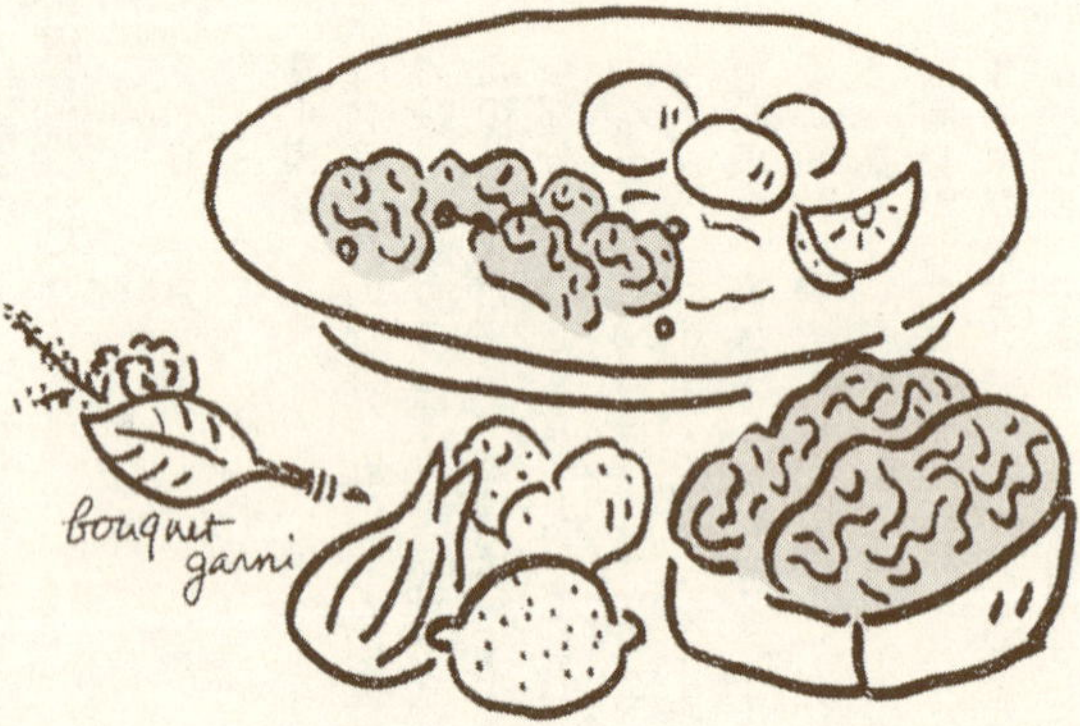

たくさん食べて頭をよくする？

脳ミソ料理

肉屋や臓物屋で、小箱に入った脳ミソを見かける。日本人はゲテモノと拒否反応をおこしそうだが、フランス人はよだれを流す。高タンパク質でビタミンに富み、すぐれた食品でもある。小さい方が子羊の脳ミソで繊細な味。大きい方は子牛の脳ミソだが、かすかながらレバーを思わせる風味もあり捨てがたい。子羊は一人一つ、子牛は二人でひとつ用意したい。きょうは子牛の脳ミソ。

冷水で洗い指先で薄い皮をはいで血管をとり除く。そんなにむずかしくないが、親切な肉屋さんに頼めたら下準備が楽になる。脊髄につながっていく真っ白なところも食べられるが、モッタリして味は落ちます。

持って帰ったら、さっと洗って、冷水に一時間ほど漬ける。この間に、下煮用のクール・ブイヨンを準備。水一リットル、ワインビネガー半カップ、四つ割りにした玉ネギ一個、ブーケ・ガルニという標準タイプを三十分くらい静かに沸騰させて冷ましておく。脳ミソは風味を吸収しやすいので、香りに凝りたいところだが、やりすぎは避けましょう。

脳ミソを鍋にとる。クール・ブイヨンをそそいで火にかけ、静かに沸騰させながら十五分ほど煮たらとり出し、いくつかに切り分けておく。子羊の脳ミソだったら十分煮ればいいし、二つに切り分けるだけだ。このあとは、繊細な白身の魚用のレシピだったら、ほとんどすべてに応用できると思っていい。

冷ましたものをビネグレットソースで和えると絶品だが、きょうは焦がしバター風味。バターを一人当たり大サジ二杯フライパンに入れて熱くし、キツネ色になったら脳ミソを加え、ケイパーも散らす。さっと混ぜ合わせ、レモンの絞り汁をジュッと振りかける。

ゆでジャガをつけ合わせ、パセリを散らし、レモンを添える。脳ミソのフンワリとした舌ざわりと香ばしいバターの風味の組み合わせがじつに見事だ。《シャルティエ》のような大衆食堂の人気メニューです。

ワインは、魚料理にも肉料理にも合って便利というので、パリのレストランで人気が出てきたロワール地方、ソミュール・シャンピニーの赤。軽く上品だ。

●トリピエ（臓物屋）

先日、子羊の脳ミソを買おうと、仕事帰りにフォブール・デュ・タンプル通りの臓物屋に行ったら、アラブの肉屋になっていた。定年間近と言っていたご主人に跡継ぎがいなかったのだろうか。食生活が向上するにつれて、庶民の肉屋としてがんばっていた臓物屋が減ってきているのは、なんとも残念だ。

臓物屋の店先はどこか迫力がある。ダラリと大きな牛の舌の隣には、可愛い子羊の舌。レバーだって大小、色合いさまざまに牛、子牛、豚とそろっている。コロッとした腎臓の隣には、プラスチックの箱に収まった脳ミソたち。鉤《かぎ》からぶら下がっているのはカーテンではなく大きな大きな牛の胃袋……。

以前、一緒に映画の仕事をしていた当時、ベルトラン君はよく夕食によんでくれた。「ロニョン・ブランのフライだよ」はち切れそうにふくれた白っぽい玉は、あまり腎臓っぽくなかったが、二つに割り、パン粉をつけて揚げてくれた。そのもったりとした不思議な味を噛みしめていると、ベルトラン君は「じつは、ロニョン・ブランは牛のキンタマ」と真実を語りニコリと笑った。ホント、彼からはいろんなことを教わった。

ミックスサラダを極めると

ニース風サラダ

これだけ暑い日が続くと、さっぱりとしたサラダが食べたくなる。でも体力が落ちないように、いろんな材料が入ったミックスサラダ。その中でも彩りが美しいニース風サラダがいいだろう。本来はゆでジャガもゆでインゲンも参加しないらしいが、体の線を気にするパリのマドモワゼルたちがカフェなどでよく頼んでいるパリ生まれのニース風です。

まずトマト。温室育ちやオランダ産よりは、南仏やイタリアからやってくる、枝がついていてよく熟れたものがほしいなあ。これを大きさ次第だが、四つ割りや六つ割り。

ジャガイモは、ロズヴァルやシャルロットのように煮くずれしないものを皮ごとゆでる。身がくずれないように、冷ましてから皮をむいて厚めに輪切り。

莢インゲンは、あんまり細いものよりは、少し太目のマンジュ・トゥの方がおいしいし、値段も安い。これを歯ごたえを残しながらゆで上げる。フランスではクタクタになるまでゆでてしまう人が多いのは、なぜだろう。味も色も缶詰並みになってしまい、本当にもったいない。鮮やかな緑にするには、ゆで上がったら、塩をまぶしてひと呼吸、あとは氷水で手早く冷やすのがコツ、という教えをぼくは守っている。四、五センチの長さに切りそろえる。

以上の三野菜を同分量ずつサラダボールにとる。そこにピーマンを、赤でも緑でもいいから、せん切りにして半量ほど加える。オリーブは、ニース近郊が産地の小さくて真っ黒なものだったら最高だが、見つけるのは大変なので、瓶詰でも構わない、たっぷりと入れることにする。薄切りにした玉ネギ少々も足し、大きく全体を混ぜ合わせる。その上にほぐした缶詰のツナを置き、四つに割ったゆで玉子で飾ることにしよう。油漬けのアンチョビーものったら贅沢だ。最後にきざんだパセリを散らすのだが、バジリコと半々にすると香りが増して夏の料理らしいでしょう。

ふつうのビネグレットソース（フレンチドレッシング）を別に添える。手製のマヨネーズもツナに合う。

ワインは、キリッと冷やしたコット・ド・プロヴァンスのロゼで決まりです。

●香草・その一

フランス料理は香草の使い方が上手だ。コスモポリタンな都市パリでは、北アフリカやアジアの料理との接点も多く、香草の文化がどんどん豊かになってきている。ふつうの家庭でも、アンディーヴのサラダにコリアンダーが散らしてあったりして、うれしくなってしまう。ただ、料理のアクセントになるものだから使いすぎないようにしたい。包丁よりもハサミの先で細かくきざんだ方が香りが出やすい。八百屋で簡単に見つかる新鮮な香草を紹介。

　ペルシ（パセリ）はサラダ、スープ、煮込みなどに入り、一番登場回数が多い。バターとの相性もいいので各種ソースでも活躍。香りが飛びやすいので最後に散らすことが大切だ。その点、プラと呼ばれるちぢれていないものは、香りが強く、南仏のオリーブ油を使った料理にむいているし、少しくらい火を通しても大丈夫だ。

　セルフイユ（チャービル）は、かすかにアニスの香りもある繊細な風味。熱には弱いので、きざんでからサラダに入れたり、生クリームやマヨネーズに入れて冷製の素敵なソース。きざんだパセリと半々にしてオムレツの中に入れるのもおすすめだ。

コルシカ島でおいしかった

バジリコ風味の焼き魚

　夏のバカンスはコルシカ島に出かけ、おいしいものをたくさん食べてきた。暑い太陽をたっぷり浴びた果物や野菜の素晴らしさにびっくり。久しぶりに、形はいびつでもうまさが凝縮したようなトマトにも出会ったし、野放しの豚から作られるコッパやロンゾと呼ばれる生ハムは、脂までとろけるようだった。山寄りのレストランで味わった羊乳のチーズ《ブロッチオ》を詰めたカネロニ……また戻りたい。

　きょうは港の小さなレストランで食べたバジリコ風味の焼き魚を再現してみる。ブイヤベースにも欠かせない魚、ラスカス（カサゴの類）を一尾買ってきます。一キロほどの大きさのものが脂がのってうまい。ラスカスがなかったら、大きなタイかサバでもいい。

　バジリコの葉はみじんに切ったものを大サジ二杯用意する。これをやはりみじんに切った同量のパセリと混ぜておく。魚はウロコ、ハラワタをとって洗ったら水気をよくぬぐい、斜めに三本ほど切れ目を入れる。

　魚にオリーブ油大サジ三杯、白ワイン半カップ、おろしたニンニク二片、先ほどのバジリコ・パセリを半分だけ、塩適量を振りかけ、一時間ほど漬ける。

　風味がついたら、早く焦げすぎないように漬け汁をよくぬぐって、網や天火の上火で焼き上げるのが一番だが、小麦粉や片栗粉をまぶして揚げてもいい。

　この間にソースを作ることにしよう。みじんに切った玉ネギ一個を中火で炒め、透きとおってきたら、今がシーズンのオリヴェットと呼ばれる細長いトマトを四個ほどさいの目に切って加える。軽く塩、コショウ。酸味をおさえるために砂糖もひとつまみ入れる。グツグツいってきたら、魚の漬け汁の残りも加え、少々煮詰めることにしよう。

　魚を大皿に盛り付け、熱々のソースをそそいだら、その上に、残っているバジリコ・パセリもかける。

　バジリコ特有の香りが口中に広がる。ご飯にも合う。とろけそうなラスカスのほっぺたも忘れずに食べて下さい。

ワインはコルシカの白を望みたいが、パリではなかなか見つからないから、トゥーレーヌ地方のソヴィニョン種のぶどうからできた白。香りが素晴らしい。

●香草・その二

エストラゴン（タラゴン）は、すっと鼻に抜けるような香りの目立ち屋。熱にも強いので、白ワインやビネガーと煮立てて匂いを引き出した方がいい。サラダやスープだけでなく、魚やトリ料理とのコンビも素晴らしい。タルタルソースの香りでもある。

バジリック（バジリコ）は地中海料理の香り。オリーブ油とは恋人同士のように仲がよく、ニンニクと一緒にすり合わされてピストゥーというソースになる。これが入ったスープは絶品だ。東南アジアの料理にも欠かせない。

アネット（ディル、ウクローブ）も強い香りで好き嫌いがあるが、サケやニシンなどをマリネするなら、ぜひ加えたい。ロシアや北欧料理の匂い。この香草も熱を加えない方がいい。

シブレット（アサツキの一種）は、ニンニクっぽい風味があり、きざんでサラダにかける。ヨーグルトソースに入れてもおいしい。オムレツもなかなかだ。バルコニーでもよく育つ宿根草です。

学生時代の思い出料理

子牛のポピエット

パリに来たての学生時代は、勉強は大したことはしなかったが、シネマテークに通ったり、フリージャズのコンサートに列を作ったり、友だちとカフェで雑談したり、とにかく時間がなかった。食事はほとんど学生食堂ですましていたが、安いし初めてお目にかかる料理がめずらしく、あまり不満はなかった。そんなある日、僕のガールフレンドの弟クリストフ君が作ってくれたのが、この子牛の肉のポピエット。近くの肉屋ででき合いのポピエットを買ってきて、缶詰のトマトソースで煮たものだったが、あんまりおいしくて涙が出てしまった。それ以来のぼくの得意料理なのです。

パリの肉屋さんには豚の挽き肉がない。それらしきものはシェール・ア・ソシスといって、ソーセージに詰めたり、トマトやキャベツの詰め物用で、すでにパセリやその他のスパイス、塩味がついている。これを子牛のエスカロップ（モモ肉の柔らかいところを薄く切ったもの）で包んだものが、ポピエットだ。この料理の利点は、パサパサしがちな子牛の肉が、中に入った豚の脂のおかげでしっとりとした舌ざわりになること。プロヴァンス風にトマト味にするのが一般的になっています。お店のでき合いでもなかなかおいしいポピエットがあるが、たまには自分だけの工夫した詰め物を作ってみんなを驚かしたい。

肉屋さんにポピエット用と頼み一枚一〇〇グラム見当、なるべく薄いエスカロップを作ってもらう。シェール・ア・ソシスは、一個当たり四十グラム必要だ。包む時に使うバルドという脂身ももらってくる。

挽き肉に、その半量ほどのマッシュルームと適量のパセリ、ニンニクをみじんにして加え、塩、コショウ。少量の玉子もつなぎに入れる。これを、さらに薄くたたき伸ばしたエスカロップで包み、脂身を巻き、糸で十字にゆわえる。火が通ると身がしまるから、少しくらいはみ出しても、気にしません。

厚鍋に油かバターをとり、ポピエットを両面色がつくまで炒め、せん切りの玉ネギを入れ、白ワインをコップ一杯加える。それが煮詰まったらトマトピューレと水を半々、ポピエットがかぶる程度に加え、フタをして弱火で四十分煮るだけ。お供は熱々のゴハン！

●フランス風ご飯

クリストフ君のポピエットにはご飯が添えられていたのだが、その炊き方にはびっくりした。鍋にたっぷり水を沸かして塩を入れ、米を洗うこともなくカップ二杯入れてグラグラ煮続け、煮えたなと思ったらザルに開け、蛇口の水でゆすいだ！

これを鍋に戻してバターを加え弱火で温め直す、というのがフランス人の典型的なご飯。サラサラとしてくっつかないというのが大切で、「絶対くっつかない」とＣＭでも強調される。

ゆすいではビタミンなど期待できないのでリ・エチュヴェという米もある。蒸気で圧力処理をされていて、ゆすがなくてもくっつかない。

彼らのご飯の材料は、リ・ロン（long）＝長米であり、日本人が好むリ・ロン（rond）＝丸米は牛乳と砂糖で煮てからデザートになる。

この〈リ〉と〈ロン〉の発音が日本人にはむずかしい。『オヴニー』に丸米販売の広告を出していたフランス人から苦情の電話をもらったことがある。「長いベッドや丸いベッドの注文が多くて困る！」〈リ〉は発音次第ではベッドになってしまうのだ。わが家では、ピラフ風に炊いても日本風に炊いてもおいしいタイ産の香米が常備されている。

ツミレにするとフランス人も感動

イワシ料理

イワシが大きくなってくる季節。ブルターニュが産地で、二十センチ以上にもなる。こんなイワシは脂ものっていて、料理法は塩焼きに限る。といってもガス火で網焼きでは、煙と匂いが大変、グリルか天火の上火を利用したい。十一区に住んでいた時は、コンシェルジュ（管理人）夫婦がポルトガル人で、イワシを焼く匂いがよく七階まで昇ってきました。

こちらでもイワシを生で食べる人が増えてきた。料理好きの隣人、シャンタルさんがよく作るマリネを紹介したい。中くらいのイワシがいいだろう。ピンとしていて、エラに血のシミがない活きのいいものを選びたい。魚は三枚におろし、彼女は皮もとり除く。フランス人は魚の皮が大の苦手だからだが、ぼくは皮つきのままだ。軽く塩を振ってザルに並べておきます。

マリナード（漬け汁）は、オリーブ油とレモン汁を混ぜ合わせたものに、薄く輪切りにした玉ネギ、丁字一つ、ローリエの葉、あら挽きのコショウなどを加えたものだ。シャンタルさんはオレンジの皮のせん切りも加えて香りをつける。イワシを大きな皿に敷き、このマリナードをかけ、数時間おいてから味わう。

小イワシが安かったら一キロ買って、ナポリ風。頭とワタをとっただけでいいのだが、子どもたちが小骨をいやがるので、ぼくは、面倒でも開いてから中骨をとる。さっと洗って水気をふきとり、開きのままでキラキラとした肌が見えるように天火皿に並べる。

底ヒタヒタという感じにオリーブ油を入れ、あら塩とコショウをかなり多めに振り、パセリのみじん切りと、オレガノかバジリコをたっぷりかけ、つぶしたニンニクを散らす。皮をむいたトマト数個も適当に切り分けて魚の上にのせ、またオリーブ油を振りかけ熱くなった天火に入れる。強火で十五分ほどだ。夏らしい色と香りの一皿で、ぜひ試してもらいたい。

フランス人にも大好評なのが、つみれ汁。頭とワタをとり、手で骨をしごいてはずし、包丁でたたく。新潟の祖父はすり鉢で丁寧にすりおろしていた。味噌、小口切りにしたネギ、玉子、片栗粉を入れ、沸騰したお湯に少しずつ落としていくだけ。仕上げに醤油をたらし、きざみネギを加える。「トレ・ボン！」

●イワシの塩焼き風景

ポルトガルの大西洋岸沖合いで獲れるイワシも夏が旬だ。ポルトガル人は専用の七輪を持っていて、家の前の地べたでモウモウと煙を立てながらイワシを焼く。リスボンでは長距離用のバスステーション前の広場で、出発を待ちながらパタパタと七輪の炭火をおこしている人たちがいたりして、感動してしまった。

モロッコの大西洋に面した町エサウイラで、熱い太陽に照らされながら毎日食べていた塩焼きイワシたちも、忘れられない。波止場《はとば》に粗末なテーブルが並び、陸揚げされたばかりのイワシが七輪で次から次へと焼かれていく。やはりモウモウたる煙。みんな手づかみでムシャムシャ食べる。クミンやコリアンダーが香るトマトサラダが添えられていて、とにかく安い。一時期、西欧のヒッピーたちがこの町に居ついたのは、太陽、海、マリファナだけでなく、このイワシがあったからにちがいない。

カステラの元祖を焼く

カトル・カール

このケーキは、フランスの家庭で作られるケーキの中で一番ポピュラーなものといえるだろう。同類のケーキがポルトガルにもあり、それが日本に伝わってカステラになったにちがいない。カトル・カール（¼が四つ）という名前の由来は、四つの材料の玉子、砂糖、バター、小麦粉が同量ずつ入っているから。作り方も簡単なので、トムやリリにも手伝わさせて、即席の料理教室です。干しブドウケーキを作る型にバターを塗り、小麦粉を薄い層ができるように振る。天火は目盛り四か五にして火を入れておく。

玉子は中玉を三個、一八〇グラムほどだろう。白身と黄身を別々にボールにとる。黄身の方には一八〇グラムの砂糖を加え、泡立て器でかき混ぜていく。量がふくらんで白っぽくなめらかになったら、室温に置いて柔らかくしておいたバターも同量を混ぜ入れる。そこへふるいにかけたやはり同量の小麦粉を泡立て器で混ぜ合わせながら少しずつ加えていくのだが、これはかなりの力仕事なので、子どもには無理だろう。香りづけにはラム酒がいい。大サジ三杯ほど加える。もちろんコニャックやウイスキーでもおいしくなる。最後に固く泡立てた白身を優しく混ぜ入れます。

手間を省き、白身と黄身を別々にせずにやるフランス人も多いけれど、別々にした方が仕上がりのキメの細かさに、はっきりと差が出ます。

種を型に流し、天火に入れ、だいたい四十五分ほどで焼き上がる。焼いている間に天火を開けたり閉めたりすると、ケーキがうまくふくれ上がらない。また天火が熱すぎると中まで火が通らないうちに焼き色がついてしまう。このへんの火加減は二本も焼いたら上手になるはずだ。きれいな焼き色がついたら、串などを刺してみて乾いて出てきたら、出来上がりだ。まだ少々濡れていたら、火を消した天火にもうしばらく戻すことにする。焼き上がったら、すぐに型からはずし、お菓子用のグリルにのせて冷まします。

デザートというよりはティータイムにいい。薄く切り分けて食べる。なめらかな舌ざわり、ラムの香りの素晴らしさ、カステラ大好きな新潟のぼくの母親だってきっとおかわりするにちがいないおいしさだ。

●オレンジ風味

パーティーの時など、オレンジ風味にしてチョコレートの衣を着せたよそゆきカトル・カール。

ラム酒のかわりにオレンジの香りがするグラン・マルニエ酒やクワントロー酒を大サジ三杯加える。オレンジ二個分の皮も細く切り、さっと湯がいてから混ぜ入れて焼き上げる。

冷めたら、上下二段になるように切り分け、間にオレンジのマーマレードをたっぷりと塗る。チョコレートの衣は、溶かした板チョコに半量のバターを加え、少し冷めたら、しなうナイフでまんべんなくケーキの表面をおおえば出来上がりだ。

●お菓子用のグリル

小さな足が付き浮き上がるようになっている。ビスケットやシューが焼き上がった時も、このグリルにのせて冷まします。わが家では、テンプラの油切りとしても活躍している。

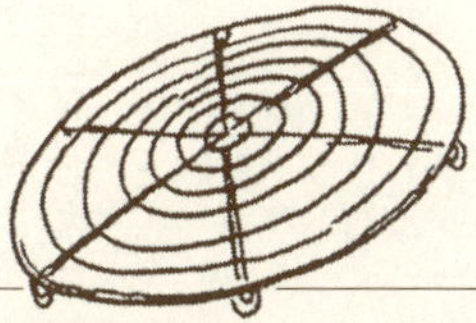

香辛料のシンフォニー

子羊のクスクス●その一

また学生時代の思い出。シネマテークに毎日のように通っていた相棒は、桜庭君という。現在はフランスの著名な靴屋のアジア全域の代表者になって大活躍だが、その当時は二人とも貧乏学生。食べることの唯一の贅沢といえば、たまに行くカルチエ・ラタンのクスクス屋。スープやクスクスの粒がおかわりできるのがうれしく、昼飯抜きの真剣勝負という心意気だった。

そんなわけで、ぼくが料理記事を書いている『オヴニー』の編集部に「クスクスの作り方を教えて」という読者の手紙が届いた時は、うれしかった。

これはモロッコ人の肉屋、ハミムさんに教わった作り方で、クスクスの粒も本格的に蒸します。オフクロさんが台所でがんばっているマグレブ三国（モロッコ、アルジェリア、チュニジア）の国民的料理だけに時間はかかるけれど、料理自体はそんなにむずかしくない。友だちを招いてにぎやかに食べたいお祭料理だから、七、八人分の量です。

肉は子羊がいい。値段も安いアラブ人の肉屋で肩肉を一つ、骨ごとブツ切りにしてもらう。天火にグリルがついていたり、庭やバルコニーでモウモウ煙を立てることができるなら辛いソーセージのメルゲーズも十本ほど買ってくる。子羊の脂身が厚かったら、少々とりのぞいた方がいいでしょう。

クスクス鍋（中国製の蒸し器でもいい）の下の部分に、肉、せん切りの玉ネギ二個、大きな輪切りのニンジン四本を入れ、全体がすっかりかぶるように水を張り、塩、コショウする。ここで好みの香辛料を入れるのだが、これはマグレブ三国でもさまざま。ぼくは折衷型で、ニンニク二片、おろしショウガ親指大、セロリとパセリを少々、キュマン（クミン）とコリアンダーの粉それぞれ大サジ一杯、唐辛子の粉ひとつまみ、オリーブ油大サジ二杯などを入れる。それにオレンジ色に仕上げたいので濃縮トマト大サジ二杯、パプリカとサフランも少々加えることにしよう。

ぼくの体験では、モロッコではトマトをあまり使わずサフランの香りを生かし、アルジェリアでは濃縮トマトをたっぷり入れてコッテリとした味に仕上げる。

フタをし中弱火で四十五分煮ることにしましょう。

●クスクス鍋
二段になっている蒸し器。下鍋が深いので、肉や野菜をたくさん煮ることができる。蒸気を通す上鍋の穴は細かくクスクスの粒が落ちないから、布巾を敷く必要はない。

●クスクスの粒々
スムールと呼ばれる粒は、小麦から作られる。モワヤンという中くらいの粒と、ファンという細かいものがあるから、お好みでどうぞ。

●コリアンダー
中国では香菜と呼ばれるハーブ。マグレブ料理でも葉をきざんで使ったり、種子を挽いて愛用する。

おいしい匂いが漂ってきた

子羊のクスクス●その二

四十五分たって肉にも半分火が通ったころだろう。さあ、クスクスの粒の準備。

一人一〇〇グラムの見当で洗面器のような底の広い器にとる。サッサッサッと手で水を振りかけ、ダマができないように丁寧に混ぜ合わせる。相変わらずサラリでも幾分しっとりとした感じになったら、あらかじめ布巾を敷いた蒸し器の上の部分に平らに入れる。この時、下の部分には切り分けたカブ三、四個、缶詰のポワ・シッシュ（エジプト豆）を加える。フタをせずにまず三十分蒸す。

クスクスの粒をもう一度底の広い器にあけ、先ほどより多めに水をまんべんなく振りかける。

この水が粒をふっくらさせてくれる。木のスプーンでかき混ぜるのだが、ダマをほぐしながらサラサラになるようにしたい。ハミムさんは「アツイ、アツイ!」と叫びつつ両手で揉むようにして混ぜる。塩や油を少々加えてもいい。これをまた蒸し器に戻しもう三十分の辛抱。

この段階で、下の部分に輪切りのクルジェット三本、莢インゲン少々、きざみパセリ大サジ四杯などを加えよう。この三十分間にメルゲーズも焼きたい。

サラリと蒸し上がったクスクス粒のおいしさ! 大皿に盛り上げ、シナモンの粉で模様を引いて飾り、バターをチョンチョンとのせる。肉、野菜はスープともども深い器に移し、新鮮なコリアンダーの葉をきざんで散らし、一緒に食卓へ。アリサという唐辛子のピュレも忘れずに添えます。各人、深めの皿に好きなだけクスクスの粒をとり、肉、焼き上がったメルゲーズ、野菜ものせ、スープをかけ、スープで溶いたアリサもかけ、フーフー汗をかきながら食べる楽しさ。

子羊が苦手な人は、煮込み用の牛肉やトリ肉を使えばいい。クスクスの粒を蒸すのが面倒なら、人数分の粒をボールに入れ、油をかけて全体にまんべんなくいき渡るようにし、熱湯をヒタヒタに入れてふたをし、数分待つ。あとはフォークでなるべくサラサラになるように丁寧にほぐしていく。これでもぼくらが夢中になっていたカルチエ・ラタンのものよりはうまい。桜庭君、近いうちにごちそうします。

ワインはモロッコ産のブラワンヌのグリ（ロゼ）。

●ポワ・シッシュ（エジプト豆）
クスクスに欠かせない。缶詰だったら一缶必要。乾燥豆はひと晩水につけてからだが、煮上がるのに一時間以上かかるので、肉と一緒に初めから煮る。煮上がったものをミキサーにかけ、レモン、オリーブ油、ニンニク、パプリカなどで味つけして練り上げたものはウムスという。中近東諸国で好まれている前菜だ。パンにつけながら食べる。

●メルゲーズ
牛と羊の肉から作られる腸詰め。赤唐辛子が入っていて辛い。煙がすごいので、天火のグリルで焼く。細いフォークで何か所か刺してから、焦げないように中段で焼き上げる。大量の脂が出るので、受け皿を忘れないようにしたい。

●アリサ
マグレブ系の人が好む唐辛子の練りもの。煮汁で溶いて薄めてから、お皿のクスクスにかけます。

アルフォンス・ドーデも愛した

ブランダード（干ダラのペースト）

干ダラは日持ちがいいものだから、おなかの部分が厚くて白い良質なものを見つけたら、二キロくらい買っておくのがいい。ぼくは干ダラ料理が得意なポルトガル人のお店で買い、適当な大きさに切ってもらいます。

マルセイユが干ダラを扱う港だったこともあり、プロヴァンスにも干ダラ料理が多い。中でもこのブランダードは代表的だ。『風車小屋だより』を書いたニーム生まれのドーデの大好物で、パリでもその味が忘れられず、ブランダード友の会を作ったという。

干ダラを五〇〇グラム用意。塩出しの時間はお店の人に確かめたいが、少なくとも二十四時間前から皮の方を上にして水にさらし、途中何度か水をかえる。身の薄いところをかんでみて、かすかに塩味が残っているようなら塩出し終了です。

タラを大鍋に入れてたっぷりと水を張り、ブーケ・ガルニを加え火にかける。静かに八分ほど沸騰させたらとり出し、骨をとりのぞき細かくほぐす。白く仕上げたいなら皮ものぞくが、ぼくは、ゼラチン質がつなぎになるし、味も深くなるから、半分ほど入れる。

おろしニンニク一片を加えたオリーブ油一カップ半と、牛乳（または生クリーム）一カップをそれぞれ別に熱くしておく。厚鍋にタラを入れ、弱火にかける。熱くなった油を⅓ほど加え、木のヘラを使って魚と均一になるように混ぜ合わせる。ここで火から下ろし、あとはマヨネーズを作る要領で油と牛乳を交互に少しずつ足しながら、マッシュポテトのような固さになるまで丁寧に混ぜていくだけだ。塩、コショウ、ナツメグ少々、レモン汁で味をととのえ、パセリを散らす。天火で軽く焼き色をつけるのもいい。

揚げパンにのせて食べるのだが、干ダラの素朴な味がオリーブ油やニンニクや牛乳の風味でひきたてられて、大拍手の一品だ。メインにするならこの倍ほどの量を作り、ゆで玉子で飾った緑のサラダと組み合わせる。パリの定食屋のブランダードはマッシュポテトが半分くらい入っているが、これもうまい。粉チーズを振ってグラタン風に焼けば、子どもたちの大好物。

ワインは、同郷のカシスの白にしたい。辛口ながらまろやかな口当たりがぴったりだ。

●ポルトガル人と干ダラ

大西洋に面したポルトガルの町、アヴェイロを訪れたことがある。強い太陽と潮風だけでなく、塩田もあるという干ダラ作りの好条件がそろい、タラを干す棚が見渡すかぎりに続く。他の魚が豊富でも、干ダラ（バッカロウ）がないポルトガル料理は考えられない。北欧やイギリス、フランスの漁民に負けずに、危険をおかしながら北大西洋の荒波を横切り、カナダの沖合いまで漁に出かけていく。

家に人が来たりすると必ず出てくるのが、干ダラのコロッケで、その作り方はポルトガルを愛した檀一雄の『檀流クッキング』に詳しい。リスボンの下町アラファマで毎日のように食べていたのが、湯がいただけのタラをジャガイモやトマトのサラダと盛り合わせた一品で、飽きることがない。火を通してからほぐしたタラとゆでジャガイモ入りのオムレツは、オリーブ油の香りがきいている。しっかり塩出しされた身の厚い部分を、緑のピーマンと一緒に焼いたものは、干ダラならではの尽きない風味があって、世界に誇っていい魚料理だ。

家族、友人が集まったので

アイオリ

暑くなってくると口の中によみがえる味は、アイオリ・ソース。もう十年以上も前の夏、地中海に面した小さな町の友人の実家で、何度かごちそうになったニンニク風味のマヨネーズだ。大皿に盛りつけられた野菜・肉・魚・ゆで玉子などを好き好きにとって、このソースと一緒に食べた楽しさが忘れられない。アイオリはプロヴァンス語のアイ（ニンニク）とオリ（油）からきている。

ニンニクは大きめのを四片、二つに割って真ん中の緑色の芯をのぞき、すり鉢で丁寧にすりおろす。これに一時間ほど前に冷蔵庫から出しておいた玉子一個分の黄身を混ぜ合わせ、塩、コショウ。あとは絶えずすりこぎを回しながら、オリーブ油を少しずつ加えてすり合わせていくだけです。マヨネーズのような固さでなめらかになったら出来上がり。油の量は全部で一カップ強、これで六人分くらいだろう。すり鉢がない人は、まず別にマヨネーズを作ってから、丹念におろしたニンニクを混ぜ込む。

大皿には何を盛りつけようか。

野菜は、彩りを考えながら、ニンジン、セロリ、カリフラワー、莢インゲン、ジャガイモ、真っ赤なベットラヴ（ビーツ）など。ゆでるものは、歯ごたえを残すことが大切だ。カリフラワーは生でもいいが、軽くゆでたものもおいしい。肉はポトフの残りがあったら一番だし、同じようにあっさりと煮た子羊の肉もいい。魚は干ダラを一日かけて塩出ししゆでたものが南仏らしい。第一ふつうの白身の魚をゆでただけではソースに負けてしまう。干ダラがない時は、白身の魚に塩を振って一日ほど干して焼いたものを添えましょう。ビュロというバイ貝を塩ゆでにしたものもアイオリ・ソースと相性がいいから、試してほしい。

これらを豪勢に盛り合わせて、ゆで玉子やパセリなどで飾り、アイオリと一緒に食卓の中央にドンとすえれば、大歓声！　暑い時ほどおいしい、前菜とメインをかねた完全食だ。体の中から力がわいてくる。

ワインはあまりこだわらなくてもいいだろう。軽い飲み口のロゼなどを少し冷やし、ピシェに入れて出せばいい。

●プロヴァンス風魚のスープ

アイオリ・ソースを添える簡単で本格的な南仏風魚のスープだ。魚は素晴らしいダシが出るグロンダン（ホウボウ）を四人分で一キロ。頭とハラワタをとってからブツ切りにして鍋に並べる。厚く輪切りにしたジャガイモ六個、みじんに切った玉ネギ一個、皮をむいてさいの目に切ったトマト二個、つぶしたニンニク二片、ブーケ・ガルニも加え、オリーブ油を振りかける。熱湯を、材料がすっかりかぶるようにそそぎ、浮いてきたアクをとりながら、中火でゴトゴト煮ていくだけだ。ジャガイモが煮えたら出来上がり。

魚とジャガイモは大皿に盛り上げ、スープは、各人、スープ皿にとる。スープに浮かべられるように小さな揚げパンも添えたい。魚やジャガイモ、揚げパンにアイオリ・ソースをつけつつ味わう楽しさ。アイオリ・ソースには、唐辛子をおろしたものを少量加えた方がうまい。

いろんな材料のうま味を一つに

トリの赤ワイン煮

ブルゴーニュ地方を旅すると、手をかけて料理するという伝統が小さなレストランでもおろそかにされていないので、感心してしまう。ムレットもブルゴーニュの料理で、自慢の赤ワインで川魚やトリを煮たものだ。ぼくがワインやチーズについての記事を書く時のパートナー、ジアニさんもおかわりした一皿です。

六人分として、中くらいのトリを骨ごとブツ切りにしてもらう。ベーコン一五〇グラムはさいの目。小さな白い玉ネギは二束ほしい。葉を切り落とし（ヌタにするといい）、大きかったら二つに割っておく。

バターまたは油を大サジ三杯ほど厚鍋にとる。

最初は弱火でベーコンを炒め、おいしい脂がにじみ出たら、強火にして小玉ネギを炒める。しっかりとした焼き色をつけると、仕上がりが美しい。ベーコンと玉ネギをとり出し、同じ鍋で今度はトリを炒める。きれいなキツネ色になったら、みじんに切ったニンニク二片を入れ、いい匂いが立ちのぼったところで、別鍋に熱くしておいた赤ワイン半本を加える。その前にブルゴーニュ地方のマール酒とかコニャックをそそいで火をつければ、一層香りがよくなるだろう。ワインは、ブルゴーニュの赤はもったいない、普段の赤で充分だ。

鍋の底にくっついているうま味を、木のヘラでこそげながらワインに溶けこませましょう。先ほどのベーコンと小玉ネギを鍋に戻し、塩、コショウ、ブーケ・ガルニも入れ、フタをし弱火で煮ていく。輪切りにしたコイも同じように調理すると素晴らしい。

四十分ほど煮たら、薄く切ったマッシュルームも加えて、もう十分。この間に、バゲット・パンを輪切りにしてニンニクをこすりつけ、コンガリと揚げる。

最後に、大サジ二杯ほどのバターをフォークで押しつけながら柔らかくし、同量の小麦粉と混ぜる。これをブール・マニエという。小さな塊にしてコトコトいっている鍋に散らし、丁寧に混ぜ合わせると全体に素晴らしいトロミがつきます。

大皿に盛り、揚げパンを飾り、ゆでジャガなどを添え食卓に。白ワイン煮よりはコッテリとした味わい。

ワインは、ジアニさんが持ってきてくれたブルゴーニュの赤、サントネー。カンパーイ！

●トリの赤ラベル

おいしいトリを選ぶ時に、ラベル・ルージュ（赤ラベル）は信用できる。きちんと穀物を食べ、自然光の中で時間をかけて育てられたことを農林省が保証するものだ。身もしまって弾力があり、煮たり焼いたりしている間に皮が身からはがれたりしない。それに、育てられた土地それぞれのちがいが味に出ているのも、うれしい。

●マール酒

イタリアのグラッパにあたるのがこの透明なマール酒。種子や皮などぶどう酒の搾りかす（マール）を発酵させて蒸溜した、庶民のブランデーだ。ブルゴーニュ地方のものが有名で、キリッとした口当たりの中に豊潤なぶどうの香りがする。

リヨン駅脇の中華レストランで、友人の葬式帰りだという黒ネクタイをした男に、次から次へとこのマール酒をおごってもらったことがある。「彼のカミさんがケチでねえ、葬式が終わってワイン一杯も出ないんだ。ああ、この酒はね、いくら飲んでも二日酔いしないのさ」と彼はつぶやいた。

ブルターニュ、カニ漁の港町

ブルターニュ風ゆでガニ

夏のバカンスに一年おきくらいに滞在するのが、ブルターニュのル・コンケという港町で、フランスの西端に位置する。子どもたちには、引き潮時に渚まで走ると息が切れてしまうような広い砂浜があるし、ぼくらにはカニが待っている。小さな港はいたる所にカニ漁用のかごがうずたかく積まれ、通りでは、おばさんや少年たちが並び、ザワザワうごめくトゥルトーというカニを売っている。

パリでだって、まだまだ元気なトゥルトーが手に入る。カニは生命力イコール美味。グンナリしているものとか、すでにゆで上げられたものは厳禁だ。手に持って型のわりに重いものを選ぶ。ル・コンケのおばさんが言うには、カニを引っくり返すと見えるフンドシの部分が張り出していて、甲羅《こうら》に海草なんかが付いているようなつわものが、身がしまっているのだそうだ。なお、フンドシの幅が広いものは雌で朱色の卵が入っています。

カニには残酷だが、早速塩ゆで。出来るだけ大きい鍋には煮えたぎる湯。塩加減は海水よりちょっと濃いめという感じだから、相当に塩辛い。玉ネギやレモンを入れたりする人もいるが、あら塩だけで充分だ。

カニのハサミや足を、タコ糸などで本体にがんじがらめに縛りつける。この作業、かなりサド・マゾ的な雰囲気になってくる。こうしておかないと、熱湯に入れたとたん、カニは最後のアガキを試み、バラバラ死体になってしまう。すると傷口（？）から湯が浸入し、身や味噌がまずくなります。

静かにコトコトと沸騰させながら、一キロのものだったら、二十分という見当だ。ゆで上がったら、ザルにでもとり出して冷まします。

とり分けやすいようにバラして大皿に盛り上げる。これにマヨネーズを添えれば、ブルターニュ風になるが、殻から出しては、レモンを絞りかけ、カニ本来の滋味をむさぼり食うというのが一番。北海道の毛ガニだって新潟のワタリガニだって、ちょっとたじろぐ超一級のおいしさだ。

ワインは辛口でいて上品なムスカデだが、スュール・リと追記された軽く発泡するものにしてみよう。

●アレニェ・ド・メール

海のクモというあだ名のこのカニは、甲羅がゴツゴツしていて足が長い。大きくても甲羅が二十センチ以上になることはないけれど、じつはこのカニ、あの巨大なタラバガニの親戚。トゥルトーよりうまいというのが、通の意見だ。トゥルトーと同じようにゆで上げる。ただ、殻が厚く身が少ないので、一人一匹ずつです。一、二月が卵を持っていて旬だ。

●パンス・ア・クラブ

ゆで上がったカニの殻を、こいつで割って身をとりだす。カニのハサミの形をしているのが楽しい。すみっこは、日本人は箸で突っついたりするけれど、フランス人は専用の小さなフォークを使う。つぶさないように金づちで軽くトントンとたたいてヒビを入れておくと、力がない子どもは助かります。

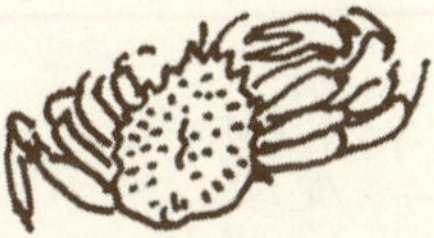

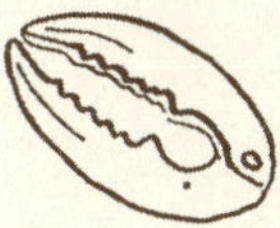

フランスのパスタもおいしい
玉子入りパスタ

日本に帰っていた、食べることが大好きな友人が戻ってきた。「東京で何回かパスタを食べたけれど、アル・デンテのコシの強さを気にするのはいいけれど、ゆで上がっていないものが多くて、ガッカリ」

それとは正反対なのがパット・オ・ズというアルザス名産の玉子入りパスタ。小麦粉一キロ当たり玉子が三個から六個も入っていて、コシの強さよりは柔らかな口当たりが特長だ。クリームソースなどがかかった肉料理の付け合わせとして、パリっ子の大好物になっています。大量生産された乾燥品や手作りの半乾きのものが簡単に手に入る。熱々にゆで上がったものに口ックフォールチーズを混ぜ込むと、とてもおいしい。

このパスタの味を生かす、子牛の骨付きロース肉、ソース・デュクセル（シャンピニョンソース）を作ってみよう。なるべくかさが開いていないシャンピニョン・ド・パリ（マッシュルーム）を四人分で二五〇グラム用意する。かなりの量だけれど、炒めると大したことはない。さっと洗ってからみじんに切る。エシャロット一個、玉ネギ一個もみじん切りにし、みんな一緒にバター炒め。強火で水分を蒸発させるように炒めるのが大切だ。これをデュクセルと呼んでいる。

子牛の骨付き肉は一人一枚、包丁を入れてスジを切ってたたき、焼いている間にそらないようにしましょう。塩、コショウを振って、ソトゥーズ（なかったらフライパン）でバター炒め。片側に焼き色がついたらひっくり返し、もう片側が半分くらい焼けたなあという感じのところでデュクセルを加え、弱火にして焼き上げる。肉だけを取り出して大皿に盛りつけて冷めないようにしておきます。

ソトゥーズに残したマッシュルームに生クリーム一カップと白ワイン半カップを加えて、肉のうま味を溶け込ませるようにしながら煮詰め、肉の上からかける。このソースとパスタの組み合わせは思わずニッコリのうまさです。

ワインはアルザスの白の中でも極上の、グヴェルツトラミネール。グヴェルツは香料という意味だが、素晴らしい香りだ。酸味も少なく、どこまでも優しい飲み心地を、冷やしすぎないようにして味わいたい。

●包丁・その一

スーパーなどで安物の包丁を買い、「フランスの包丁はだめ」と決めつけ、日本からワザワザ持参する人も多いが、当然ながら料理の国フランスの包丁もよく切れる。

エマンソワールは、菜切り包丁だけれど、「シェフの包丁」といわれるくらいに万能で、一本だけ買うのならこれ。切れ味抜群の鋼製で、刃渡り二十センチくらいのものがいい。トマトが透けるように切れ、肉の薄切りも問題ない。錆びないように、使ったらすぐに洗い、よくぬぐって乾かすこと。

クトー・ドフィスはペティナイフ。果物や野菜の皮をむいたり、面どりしたりする時に欠かせない。ピクニックにも、刃先をコルク栓に刺して布巾に包んで持参する。

クトー・ア・ヒレ・ド・ソルは、薄刃でよくしなう小さな包丁。中骨にすべらすようにして魚をおろす。これも鋼製で、薄くそぎ切りにする時など、ゾッとするほどの切れ味。刃がこぼれやすいのが難。

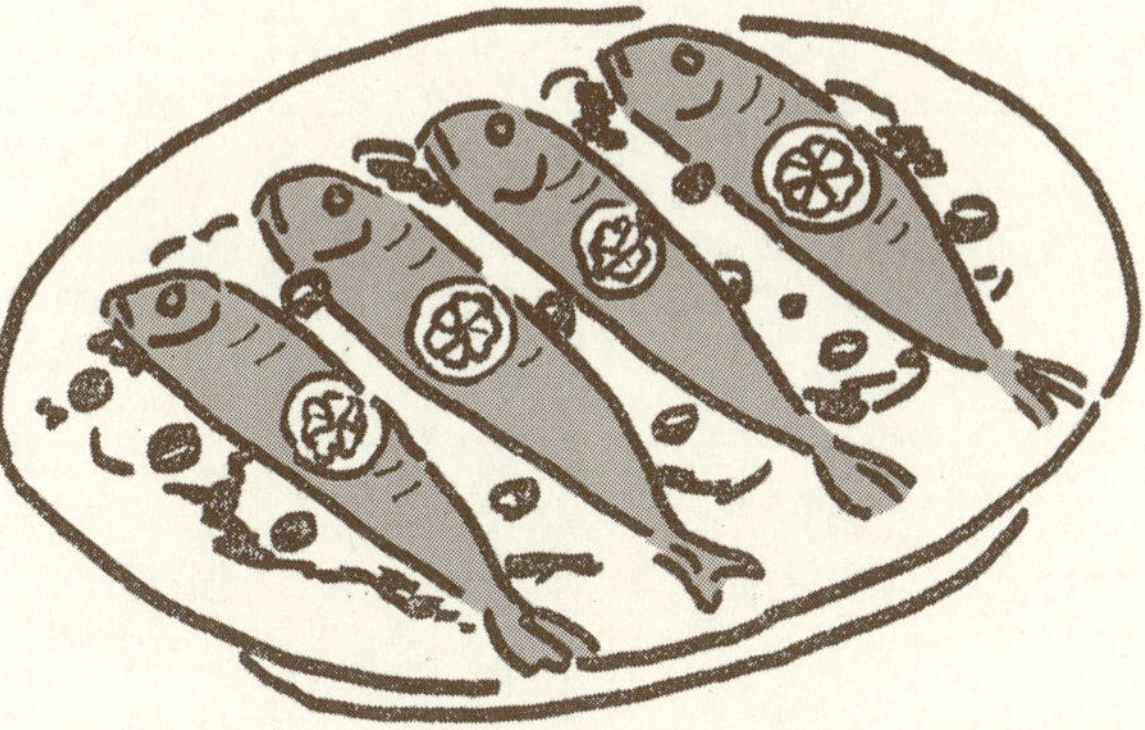

海のヒゴイをプロヴァンス風に

ルジェ・バルベ料理

パリの魚屋の店頭で、このヒゴイのような魚を見た時にはびっくりした。日本でもヒメジと呼ばれて食用にされているらしいが、新潟育ちのぼくには縁のない魚だったのだ。地中海沿岸の国々でも、その繊細な味の白身が愛されていて、なかなかの高級魚です。

深作欣二の『仁義の墓場』をフランスに輸入するための資金稼ぎだったと思うが、アルジェリアで何回か通訳の仕事をしたことがある。その時、アルジェの港にある大モスク脇のレストランで、レモンを絞りかけながら食べたルジェ・バルベのから揚げは、キスのテンプラも脱帽の素晴らしさだった。

このルジェは、鮎のようにハラワタごと料理することになっていて、とにかく活きのいいものを買うのが大切。網焼きしたり、天火で包み焼きしたり、揚げたりするのが一番おいしく、煮ると不思議なことに風味が落ちます。から揚げには、小さめのルジェがいい。レモンと塩を振りかけて三十分ほど置いてから、軽く小麦粉をまぶして揚げるだけだ。地中海味にするにはオリーブ油を使います。

隣家のシャンタルさんが作ってくれるプロヴァンス風もおいしいなあ。まずソースの準備。オリーブ油でみじんに切ったニンニク一片とパセリをさっと炒め、皮をむいてさいの目に切った完熟トマト四個を加え、ブーケ・ガルニ、塩、コショウ。弱火で十五分ほど煮ていく。彼女は濃縮トマトも小サジ一杯ほど入れてコクをだす。これで四人分の量です。

魚は大きめだったら一人一尾、小さめだったら二尾、ウロコをとったら、フライパンに一カップほどのオリーブ油をとり、身が締まる程度にさっと揚げる。中まで火が通らないほうがいいのだ。魚の油を切ってから、先ほどのソースに加える。その上に白ワインもたっぷりかけ、ニース名物の小ぶりで真っ黒なオリーブも入れる。フタをして弱火で十分ほど煮ると夏らしい美しい一品だ。レモンを添えます。

ルジェが売っていなかったら、やはり締まった白身のホウボウをおろして使いましょう。

シャンタルさんがついでくれたのは、コクと香りに恵まれたローヌ川下流のロゼ、タヴェル。

●エルブ・ド・プロヴァンス

プロヴァンス風ハーブと呼ばれる粉状のミックススパイスが市販されている。南仏の陽がよく当たる丘の草むらを踏みしめると漂ってくるような匂い……香りの一つは、タン（タイム）。日本でも高原にはえているジャコウソウの一種で、鼻にスッとぬけるような爽やかさを持っている。フランス料理になくてならないブーケ・ガルニにも入るが、その時は葉の柔らかい新鮮なものを使いたい。

ローリエ（月桂樹）の葉一枚も、ブーケ・ガルニに加わっている。ウサギのテリーヌなどにも欠かせない。苦味があるので、控えめに使いたい。

もうひとつは、ロマラン（ローズマリー）。松ヤニを思わせる強い香り。これも入れすぎは禁物だ。トマトソースにも合うし、子羊や子牛の柔らかな味を引き立ててくれる。

この三つの香りが一つになったエルブ・ド・プロヴァンスは、スープや煮込み料理に加えたり、ローストする魚や肉にまぶしたりと、用途が広い。

［コラム］ワインを楽しむ。

酒飲みのオヤジに頼まれたおつかいの帰りか、男の子が安い赤ワインの大瓶を両脇にかかえて誇らしそうに歩いているという、カルティエ＝ブレッソンの写真がある。それを見ていると、パリの庶民たちのワインに寄せる意気ごみがヒシヒシと伝わってくる。

「深いルビーの色合い。豊潤な香りは、赤い果実、イチジク、バニラを思わせる。絹のようになめらかな口当たりで長い余韻。タンニンは渋みもまろやかになって高貴」読んでいるだけで喉が鳴りそうだが、こんな表現の中にもワインへの愛情があふれ出る。

銀行の支店長のルクール氏は地下のカーヴに貯えてあるワインがご自慢だ。奥さんが準備中のごちそうを確かめてから「マコト、酒倉に下りないか」とよく声をかけてくれた。

ちっともカビくさくない広々とした地下室に、ボルドーやらブルゴーニュやらの銘酒がうっすらと埃をかぶって横たわり、出番を待っている。「カーヴの適温は十二度。寒いと熟成が遅れるし、暑ければ熟成が早まる。蛍光灯の明りも避けたい。コルクは呼吸しているので、近くにペンキのような匂いの強いものを置くのは厳禁」となかなかむずかしい。ワインの銘柄と残数がきちんとリストアップされた台帳を見ながら、「きょうはロースト・ビーフだから、七年前のサンテミリオン」などと選ぶわけだ。

ぼくも郊外の一軒家に住むようになってから、大好きなボルドーを貯えようと決心したが、なかなか本数が増えない。理由は明快。お金がかかる、それに飲むスピードが早すぎるのだ。そこでぼくのカーヴは、相変わらずワインの匂いに染まったようなパリの酒屋になってしまう。

昔ながらに超特大の樽をいくつも並べ、ワインを量り売りをしてくれる店も、まだ残っている。先日も、『オヴニー』のワイン記事を手伝ってもらっているジアニさんと空き瓶六本ぶら下げて、量り売りのトゥーレーヌ地方の赤を買いに行った。香りよく柔らかな飲み心地で、どんな料理にも合いそうだ。「値段も手ごろで、うまい常飲ワインを知っている人が、本当のワイン通」というのが彼の口癖で、そういえば、ルクール家でも、普段の食事は手ごろなワインですませていた。

それでも、恋人や大切な友だちがやって来る時には、当たり年のボルドーなどを気張りたい。そんな時にも酒屋は「料理は何ですか？　予算はどれくらい？」などと質問しながら、ぴったりのワインを選んでくれるはずだ。優しく持ち帰り、飲む数時間前に栓をぬいておけば、香りが静かに開いていく。待ち遠しいのは恋人？　ワイン？と迷ってしまってはいけません。

料理とワインの組合わせがむずかしい、と日本の友人たちは嘆くけれど、そんなに気にすることはないと思う。ソムリエとかワイン通は別にして、ふつうのフランス人は、魚介料理は白、肉料理は赤と気を配るくらいで、なんでも平気で飲んでいる。それでさえも、最近のパリっ子は、魚でも肉でもソミュール・シャンピニのようなロワール地方の軽い赤で通してしまったりする。

しかし、ワイン次第で料理の味が微妙に変わってくることも事実だから、この一冊でも、それぞれの料理に合いそうなワインを挙げてある。それだって、ぼくなりの選び方にすぎない。手の込んだサケや川魚料理には、上品な赤が面白いかもしれない。トリ、ウサギといった淡泊な味の白い肉の料理には、ブルゴーニュやアルザスのまろやかな白はどうだろう、といろいろ試す冒険心が大切です。

必ずうまくいくのは、地方の名物料理にその土地のワインを組み合わせることだ。たとえば、フランス南西の名物料理カスレ（インゲン豆とカモの肉などの煮込み）には、同地方のワインで、度が強くコッテリとしたマディランやカオールの赤。ローヌ川沿い名物のソーセージ料理には、コット・デュ・ローヌ。カキにはブルターニュ地方のムスカデやアルカションも近いボルドーのアントル・ドゥ・メールといった辛口の白。ブイヤベースにはマルセイユの隣町カシスの白という具合だ。

こんな各土地の性格があらわれたワインが見直されて、パリにいながら簡単に手に入るようになってきている。優秀なワイン技師が地方でも活躍するようになり、醸造技術がどんどん改良され、特にコルビエールとかミネルヴォワといった地中海のワインは、以前の安酒といったイメージを一新した。値段は半額だが、香りと味ではボルドーのシャトーにもヒケをとらないものが多い。ロワール川沿いのワインも、最近はめざましい。スミレやキイチゴの香りがする赤、むせるような芳香の白にファンが多い。

ワインを飲む時に注意することといったら、なにがあるだろう。食事の間に数種類のワインを飲む時は、白から赤、軽いものからコクのあるものへ。ワインの温度は、白は七、八度、ロゼは十度に冷やす。赤は十五度前後というのが標準だが、ボルドーやブルゴーニュの銘酒は室温で飲むし、ボージョレ・ヌーボーは少し冷やして飲むことになっている。ただワインの風味がわからなくなるほど冷やすのはよくない。グラスは、手の温かみが伝わらないように、やはり足つきのものがいい。こんなところだ。とにかく気楽にさまざまなワインを楽しむことにしましょう。

グラスを打ち鳴らしながら「ア・ヴォートル・サンテ！」

秋の食卓 22

食欲の秋は、パリでも同じこと。

豊富な野菜、果物が店先に溢れそうだ。

カモやホロホロ鳥にも脂がのり、

季節のキノコやクリと組み合わせたら、

家庭料理では大ごちそう。

魚では、ホウボウやタイが身が締まっておいしくなってくる。

ぶどうの香りがムンムンするような

ボージョレ・ヌーボーを飲む時には、

牛肉やウサギの赤ワイン煮をおともさせたい。

肉屋の店頭に、狩でしとめられたイノシシやキジが、

毛皮、羽毛付きのままぶら下げられるようになると、

パリも秋が深い。

地中海を渡った茶碗蒸し

チュニジアの玉子料理

ベルヴィルのチュニジアレストランに行ったら、その日のおすすめ料理は「マギナ」。なんだろうと思って注文してみたら、レタスの葉にのって冷えた茶碗蒸しのようなものが出てきた。赤や緑が混じった美しい切り口を観察したら、挽き肉やマッシュルーム、赤ピーマンも入っている。これにレモンをかけて食べると、各材料の持ち味がきいていて、なぜかなつかしい味。きっとチュニジア人のオフクロの味なんでしょう。本に作り方が出ていたので試してみたら、あっけないくらい簡単で、レストランに負けない味になったし、子どもたちの評判もなかなかだ。

玉子八個、マッシュルーム、牛の挽き肉、トマトそれぞれ四〇〇グラム、玉ネギ二個、赤ピーマン一個の材料で六人前と、すごく経済的なのもうれしい。

フライパンにオリーブ油をとり、みじんに切った玉ネギを炒める。透明になったらザクザクと切ったトマトを入れ、焦げないように弱火で炒めていく。トマトから汁が出てソースのようになってきたところで、挽き肉、薄くせん切りにしたマッシュルーム、細かくきざんだ赤ピーマン、みじん切りのパセリ大サジ二杯、タイムとローリエの粉、ナツメグかシナモン少量、カイエンヌペッパー（赤唐辛子の粉）ひとつまみを加える。塩、コショウで味をととのえ、全体に火が通るまで弱火で炒め続けます。

大きなボールで玉子をほぐしたら、先の材料を静かに加えて混ぜ合わせる。これをオリーブ油をまんべんなく塗った器に流し込んで、中火の天火に入れ、三十分くらいだろう。箸などを刺してみて、先がぬれていなかったら出来上がり。天火がない人は、茶碗蒸しの要領で蒸せばいいでしょう。

熱々にレモンを絞りかけて食べたら、レストランで食べた冷めたものよりずっとうまい。グリーンサラダを付け合わせにすれば立派な一食になるだろう。もちろん冷めたものを前菜としても悪くない。クルジェットを入れたり、肉のかわりに魚介類を入れたり、いろんなバリエーションも試してみたくなる。

ワインは、近所のマグレブ人のお店で、ケリビアなどのチュニジアの銘酒を見つけたい。

●チュニジア・レストラン

ベルヴィル大通りにチュニジア系のレストランが並び、広い歩道にまでせり出したテーブルは、マグレブ系の人だけでなく、パリっ子であふれる。すわると、ケミアというオリーブ、カブのサラダ、イワシのから揚げなど十品近くのつき出しが出てくる。これが無料というもてなし方に、頭が下がります。

チュニジアのクスクスは、キャベツも入って薄味で、フワッとした肉団子がうまい。《アシエット・プランセス＝王女の一皿》と呼ばれる一品は、羊のアバラ肉やレバー、腎臓や脊髄が炭火で焼かれて盛り合わされている。レモンを絞りかけて食べる。コンプレ・ポワソンは、サバやルジェのから揚げに目玉焼きが並び、ラタトゥイユが添えられる。そしてさまざまな肉の煮込み。

揚げもの屋でブリックも注文したい。即座に、缶詰のツナ、玉子、きざんだコリアンダーを米の薄皮で包んで揚げてくれる。

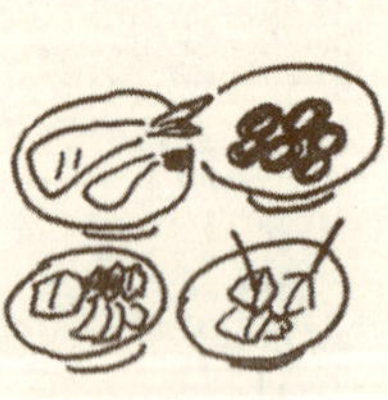

Kémia

初秋の素敵なデザート

ミラベルのプリン

ミラベルは小さな黄金色のプラム。アルザス－ロレーヌ、モゼル地方の名産で、九月になるとすっかり熟して赤味を帯び、香りを増す。仕事でメッツに行っていたジアニさんが帰ってきた。「おみやげ」と言って出してくれたビニール袋の中はミラベル！　パリで売られているものよりずっと大きい。頬ばると、甘さがもう蜜のよう。

さっそく、この果実を使ってプリンを作ることにした。手軽にでき玉子も入るから栄養満点なデザート。わが家の暴れん坊たちにも人気がある。八百屋で買うなら、赤い斑点がつき始めたものを五〇〇グラム。洗ってから半分に開いて種子をとる。器用な人は、七分目にナイフを入れて形が残るようにとり出す。

今度はプリンの種の準備。玉子四個をよく溶きほぐし砂糖一〇〇グラムを加える。あまり甘くすると、果物の甘さが殺されてしまう。牛乳四〇〇ccを加えたら塩ひとつまみ。ここでふるいにかけた小麦粉一〇〇グラムを少しずつ振り入れていくのだが、ふるいにかけるのが面倒な人はフランスにも多いらしく、ファリーヌ・タミゼという便利なものがある。すでにふるいにかけられた小麦粉で、すこし高いが菓子用に買っておくのも悪くない。小麦粉を加える時は、泡立て器を使ってダマができないようにしよう。最後にバターを大サジ二杯溶かして加える。これで六人分ほどです。

型（たとえば直径二十センチ、深さ五センチくらいのもの）にバターを塗り、ミラベルを並べ、種がまんべんなくいき渡るように流し入れる。これを一八〇度前後に熱くなっている天火へ。表面に軽く色が付いたら出来上がり。四十分くらいのものでしょう。天火からとり出し砂糖を振りかけます。

熱いうちにフーフーいいながら食べるのも、生温かいのも、冷たいのも、それぞれにおいしい。天火がなかったら、蒸せばいい。なお、とてもおいしいサクランボのプリンも作り方は同じです。

このミラベルの砂糖煮も素晴らしい。種子をとったミラベルを、沸騰しているシロップの中に入れ、グツグツ十分ほど煮るだけ。形がこわれないようにしたい。これはよーく冷やすと甘みが澄んでくるようで絶品。

●プラム

ミラベルだけでなく、フランスのプラムは種類も多く、味も変化に富んでいる。レーヌ・クロードは黄緑色のプラムで、七月から出回る。果肉はしっかりしているが、ひと口噛むと素晴らしい甘みが広がる。九月になると明るい紫色のものも出てくる。かすかな酸味のおかげでジャムや砂糖煮がうまい。

クェッチはアルザス名産。防錘形で濃い紫色。黄色い果肉はとても甘い。半分に割って種子をとり、タルトを焼くのもいい。

●プリュノー

ほとんど真っ黒でシワがよった乾燥プラム。ツヤツヤとしなやかなものがいい。そのまま食べてもいいが、水（薄い紅茶がいいという人もある）で数時間もどしてから料理にも使われる。ベーコンで巻いて天火でさっと焼いたものはパーティーの素敵なオードブル。豚肉やウサギの肉とローストにしたり煮込んでもいい。なお便秘の特効薬としても知られる。

無農薬オレンジなら
皮むきの必要がない
QUATRE ÉPICES

突然の客でもあわてない
ロースト・ポーク、オレンジ風味

『オヴニー』の編集部に、ずいぶんと会っていなかったルーアンに住んでいる友だち夫婦が訪ねてきて、ちょうどアンテナさんも非番の日だったので、わが家で夕食ということになった。つもる話もあることだから、あまり手がかからなくて、それでいながら見映えのする料理がいいなあ。そこでやっぱり天火料理。帰りがけに、肉屋で豚のエシーヌ（肩ロース）を塊のままで一キロばかり買った。この部分は適度の脂があり、焼き上がりが柔らかい。あとはみずみずしいオレンジを一キロ。フィリップ君とアニェスさんはデザート用にアップルパイを買ってくれた。

まず目盛りを二二〇度ほどにし天火に火を入れる。アンテナさんにオレンジ三個とレモン一個を絞ってもらっている間に、ニンニクを三片つぶし、塩とオリーブ油と混ぜ合わせ、肉全体に塗りつける。その肉を油を塗った天火皿にのせ、オレンジとレモンの絞り汁を半分だけかけまわし、でき合いのカトル・エピスというミックス・スパイスを振りかける。あとは熱くなった天火にこの肉を入れればよい。

焼き上がりを待ちながら、アペリチフのウイスキーなどを飲みながら、ワイワイガヤガヤ話が弾む。アンテナさんは、ヨーグルト・ソース風味のキュウリのサラダを用意。ぼくは時々立ち上がり、天火皿ににじみ出てきた焼き汁を肉にかけてやったり、果物の絞り汁を補充してやったりするだけだ。

一時間たち、さっぱりとしたキュウリのサラダを食べはじめるころには、肉にきれいな焼き色がついてくるだろう。ぼくはオレンジをもう一個、今度は薄く輪切りにする。このオレンジを肉の表面をおおうように並べ、残りのジュースもかけ、もう十分焼きます。

食卓で切り分け、オレンジの輪切りをのせ、焼き汁をかける。つけ合わせはインスタントのマッシュポテトで充分だ。オレンジの甘酸っぱい風味と柔らかい肉のうまさがからんだごちそうで、天火にメルシと感謝したくなる一皿です。

ワインはボージョレの赤がぴったり。一級品として格づけされているジュリエナスは、優しく伸びやかで赤い果実の風味の中に、きちんと芯がある。

●天火皿

天火皿は二つほしい。一つは、大きな肉をローストしたり、サケ一尾を焼けるくらいの大きな楕円形のもの。もう一つは直径二十センチくらいのもの。つけ合わせのグラタンを焼いたり残りものを温め直すのにいい。

●フルシェット・ア・ロチ

二つに先が分かれたこのフォーク、ローストされた肉の塊やトリを切り分ける時に使う。長い歯がやや外向きになっているので、しっかりと肉に食い込んですべらない。

●ロースト用マナイタ

ふつうのマナイタとちがって、縁にそって溝があり、小さなくぼみが一つ付いている。この上でローストを切ると、流れ出てくる肉汁が溝を伝わってくぼみにたまるから、それをソースに活用できる。

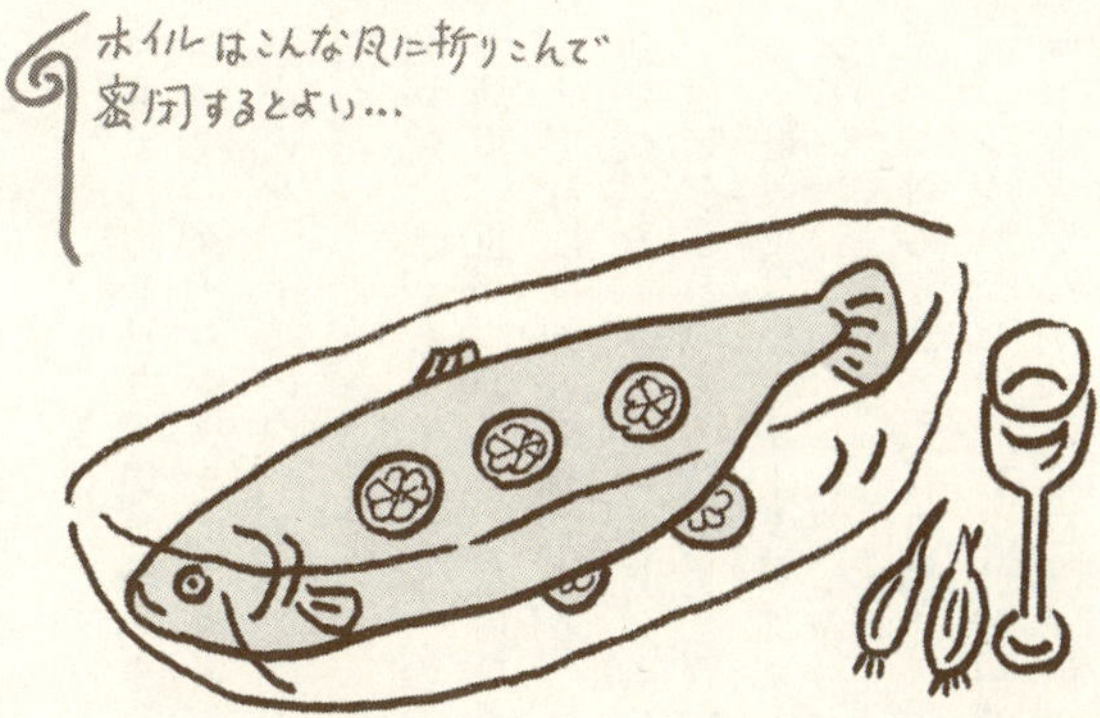
ホイルはこんな風に折りこんで
密閉するとより…

味も姿も魚界のクイーン

海マスのパピヨット

トリュイット・ド・メール（海マス）とかトリュイット・ソモネ（サーモン色のマス）と呼ばれる大きなマスは、ノルマンディーの海の河口近くで獲れるものだ。アミなどをたっぷり食べてオレンジがかった薔薇色の美しい身、川のマスのように柔らかく繊細でいながら、サケのような豊かな風味も備えた、魚界のクイーン！最近はノルウェーで養殖されたものも出回り、安くなってきた。

この魚のたとえようのない味を生かすには、アルミホイルの包み焼きが一番だろう。四人だったら一キロちょっとのものを買ってくる。魚より長めにアルミホイルを切り、溶かしたバターを塗る。ホイルを破らないように慎重にやりましょう。さらに輪切りのレモンを敷きます。

マスには塩を振り、黒コショウを挽きかける。ハラワタが入っていたところにも塩、コショウ、タイムやタラゴンを入れてもいい。これをホイルの上におき、輪切りのレモンをのせ、上等の白ワインをコップ半杯そそいで、もう一枚のホイルで縁を折り込みながらきちんとフタをする。天火は中火、四十分くらいで焼き上がります。

魚が焼き上がるころ、ソースの素作り。エシャロットのみじん切り大サジ一杯を弱火で炒め、色がついてきたら白ワインをコップ一杯加え、それが大サジ二杯くらいになるまで今度は強火で煮詰める。

魚が焼けた。ホイルの中にはおいしい煮汁。これをソースの素に残らず加えて熱くし、塩味をととのえ、パセリを散らしソース入れへ。このソースはベルシー風と呼ばれる。好みでは生クリームを加えてもよい。魚はホイルごとレモンと一緒に大皿に盛りつける。

やってみると思ったより簡単で、パーティーのごちそうにもなる一品です。彩りを考えニンジンやブロッコリーの煮物を添える。冷えたものをマヨネーズで食べるのも美味。天火がなかったら白ワインをたっぷり加えたクール・ブイヨンで煮ればいいだろう。

ワインは、コット・デュ・ローヌの白を選んだ。キリッとした辛口ではないが、口にまろやかでいい。奮発するなら、ブルゴーニュの名高い白、シャブリ。

●海マスの味噌漬け

ひとり者やカップルでは、大きな海マス一尾はどうしても残ってしまう。それなら味噌漬けにしたらどうだろう。ウロコをとり、皮つきのまま三枚におろし切り身にする。両面に軽く塩を振って、数時間ザルの上で待機させる。大きなタッパーに味噌を入れ、酒や白ワインなどを加えてベチャベチャ状態にする。甘いものが好きなら少々砂糖を入れてもいい。これを塩したマス全体にまぶしつける。フタをして冷蔵庫に入れ、一晩は待ちたい。焦げないようによく味噌を落としてから焼きます。飴色に焼き上げられた皮のおいしさに、フランス人の食いしん坊たちもびっくりする。

●ポワソニエール

サケやマスやカマスのような大きな魚を丸ごとクール・ブイヨンで煮て、姿そのまま食卓に出そうとすると、この鍋が必要になる。煮上がったら汁気をきってとり出せる仕組みになっていて便利。大きめのものは高価なので、誕生祝いにでも贈ってもらうことにしたい。

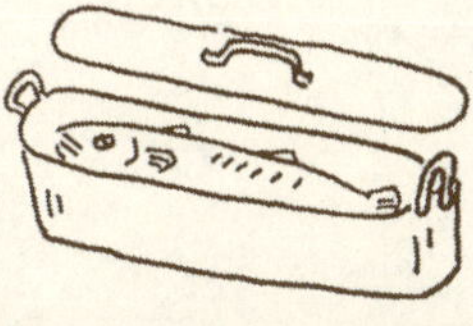

食欲の秋にふさわしい一皿

羊とインゲン豆の煮込み

アリコ・ド・ムトンは、本来は羊肉を小さく切って野菜と煮込んだ料理、つまり羊のラグーという意味だった。それがインゲン豆もアリコと呼ばれることから混同されて、パリのレストランでは羊肉とインゲン豆の煮込み料理として出てきます。そして、これがしみじみと、じつにうまい。ボリュームもあるのでおなかをすかして食べたい。

アリコ・ブラン（乾燥白インゲン豆）を一人当たり一〇〇グラム、ひと晩水に漬けておく。ザルにあけてから大きな鍋に入れ、たっぷり水を張って弱火で煮ていくのだが、ブーケ・ガルニ、クローブ（丁字）を二本刺した玉ネギ、ニンニク一片も入れる。塩はほとんど煮えかかってから入れるのが、ふっくらと煮上げるコツ。乾燥度によるが一時間半から二時間かかる。

豆に火を入れた段階で羊肉の準備にかかる。コッテリした味がいいなら、脂肪分が多いアバラ肉、あっさりとした味が好みなら肩肉を使う。四人分で八〇〇グラムを角切りにし、塩、コショウ。厚鍋に油をとって強火にかけ肉を炒める。焼き色がついたら小麦粉を大サジ山もり一杯ほどまぶしてさらに炒め、みじん切りのニンニク二片を入れ、いい匂いがしてきたら、ヒタヒタに水をそそぐ。鍋の底にこびりついているうま味を木のヘラでよく溶け込ましたら、濃縮トマトを大サジ二杯、塩、コショウ、ブーケ・ガルニを入れ、四十分ほど弱火で煮込んでいく。

小さな玉ネギやニンジン、カブもそれぞれ二つ三つ、小さめに割ってバター炒め。砂糖を少量加えて焦がすと風味が良くなる。これらの野菜も肉に加えてもう三十分煮ることにしよう。

肉と野菜が煮上がったら、別に煮ておいたインゲン豆を水気を切ってから加え、形をこわさないように静かに混ぜ合わせ、味がなじむようにもう五分ほど煮ればいい。

深い器に盛りつけ、パセリをたっぷり散らせば、食通のフランス人も「ジェニアール（すごい）！」と叫んでしまう原点料理です。

コクがある料理なので、ボルドーの東、カオールの力強い赤が負けないだろう。

●白インゲンをつけ合わせに

煮上がった白インゲンの水気を切って、弱火にかけた鍋に戻してさらに水気を飛ばす。塩、コショウし、バターやクリームを加え、きざんだパセリの緑色を散らせば、羊肉や豚肉のソテーの最適なつけ合わせだ。濃縮トマト少量を入れて味に変化をつけてもいい。

●乾燥赤インゲン

フランスでは白インゲンほどポピュラーでない赤インゲンだが、わが家の隣人でボージョレ地方出身のシャンタルさんは赤ワインで煮る。

　白インゲンと同じように煮るのだが、ちがっている点は、水と赤ワインを半々にすること。煮え上がって水気を切る時は、あまり徹底的にやらずに、ワインの味を残しておいた方がいいそうだ。厚鍋にバターを入れ、さいの目に切ったベーコンを炒める。焼き色がついたらインゲンを加えて、しばらく煮て、仕上がりにバターを混ぜ入れてツヤを出す。

本を見ながら作ったらできてしまった

トルコ風ナス料理

『オヴニー』編集部のある十一区にはトルコのレストランが多い。三度に一度は昼ご飯のお世話になっているが、飽きることがない。豊富な材料のとり合わせ、各種スパイスやヨーグルトの酸味の生かし方、揚げたり煮たり焼いたりといった料理法を組み合わせて味を極めていく技術、オスマン・トルコ帝国として栄えていた文化のしるしを見るようで、いつも感心していたのだ。その中でも大好きなナス料理、いつか挑戦してみたいと思っていたら、イスタンブール旅行から帰ってきた友人の花子さんにもらったトルコ料理の本（フランス語）に、その作り方が出ているではないか！　さっそく試してみた。

二十センチほどの長さのナスを四本買ってくる。丸ごと蒸し煮するので、長すぎると鍋におさまらなかったりするので注意したい。縦縞模様に皮をむいたら、あとで肉を詰められるように五分の深さに、縦に切れ目を入れる。ヘタは切らない方が形がくずれないだろう。これをしばらく濃いめの塩水につけてアクを抜きます。

その間に詰め物を用意。みじんに切った玉ネギ三個をバターで炒める。透きとおってきたら、牛の挽き肉を三〇〇グラム加えてしばらく炒め、皮をむいて細かく切ったトマトも二、三個加える。ここで塩茶サジすり切り二杯とだけ書いてあったが、ぼくは隠し味として砂糖、クミンを少々加えてみた。トマトの汁気がなくなったら、詰め物完成です。

ナスはフキンで水気をよくぬぐい、色が鮮やかになるまで丸ごと油で揚げたら、大きな鍋に並べる。先ほどの肉の詰め物を、しんなりしたナスの切れ目に詰める。その上にトマトと緑のピーマンを美しく飾り、コップ一杯の水をそそぎ、きっちりフタをする。煮立ったら弱火にして、今度は三十分ほど蒸し煮です。

そのままの形で盛りつけて食卓に。一度揚げられたナスは詰め物のうま味をよく吸収しているし、蒸し煮されたので油っこさもとれて口の中でとろけるよう。花子さん、ありがとう。

トルコ産で、レジネという松ヤニの香りがするロゼが見つかったりしたら、幸せだ。

●トルコ・レストランのにぎわい

パリの九区、十区、十一区に多いトルコのレストランは、栄養のバランスがとれた食事を手軽な値段でとることができ、フランス人の利用者も増えている。お店で働く人は、一様に鼻高く、眉濃く、立派な口ヒゲをはやした男が多い。無口だが根は優しい力持ちばかりで、サービスがキビキビしている。

薪が燃料の本格的な窯を備えたところもあり、そこで焼かれるトルコ風のピザは抜群だ。薄くカリッと焼かれた皮の上にトマト風味の羊肉のミンチが広がる。レモンをかけて頬ばります。

ギリシア風という、生野菜と香ばしい焼き肉入りのサンドイッチは若い人に人気がある。アダナは羊の挽き肉のケバブ。ダマッテスリと物騒《ぶっそう》な名前の一品は、トマトと挽き肉団子を串焼きにしたもの。

いずれにもサラダやひきわり小麦がたっぷりつく。その日のおすすめ料理は、ナスやクルジェットの詰め物とか、子牛の肉とオクラの煮込み。

トルコ人は少し発酵した牛乳を飲むが、ぼくらは南仏のワインに似たトルコ産赤ワインのファン。

この酸味を生かしたい

リンゴのタルト

まずタルト（パイ）皮作り。春に作ったイチゴのパイ皮と同じだけれど、覚えているかな。「できるかしら」などという心配無用、ちょっと手伝えば、子どもだって作ってしまう。

ふつうの小麦粉二五〇グラムを大きなボールにとり、柔らかめのバター半量を加える。指先でバターを小さくしながら粉とあらかた混ぜたら、真ん中にくぼみを作り、そこへ塩少々、好みで砂糖大サジ一杯、水コップ半杯を入れる。あとはどろんこ遊びの要領で両手で混ぜ合わせる。あんまりモミモミすると、焼き上がりがサラッとしないから、少しくらいバターの塊が残っても気にせず、まとめ上げる感じでソフトボール大の玉を作る。乾かないように布巾でくるんで涼しいところに一、二時間は置いておきたい。これがパット・ブリゼというパイ種だが、それでも面倒な人はスーパーなどで既製品を買えばいい。

リンゴは秋・冬が食べ時のボスコップをすすめたい。その酸味が焼き上がると素晴らしい味になるからだ。一キロちょっと買ってくる。半分は適当に切って、砂糖大サジ三杯、シナモン、焦げないように水も少量加え、フタをしてスプーンで押しつぶせるようになるまで煮ていく。ゴールデンなど酸味の少ないリンゴを使うなら、ここでレモン汁少々も足す。

二時間たってなじんだ皮の種は、麺棒やワインの瓶を使い、厚さが三ミリになるまで均等に伸ばす。これを指先で押さえるようにバターを塗ったパイ型におさめ、はみ出した分はナイフで切り、縁をフォークで押さえ、底をまんべんなくフォークでつっつく。先ほどのジャムが冷めているから底に敷き、残りのリンゴは皮をむいて四つ割りにし、薄く輪切りにしながら並べていく。並べ方の美しさでパイ作りの年季がばれてしまうが、気にしません。ぼくは初めから子どもたちに任せてしまう。砂糖やシナモンを振りかけて熱い天火（一八〇度）へ。三十分くらいで焼き上がります。

アンテナさんは、シナモンをたっぷり入れ、時々バナナとミックスしたりするが、とてもおいしい。

このアップル・パイさえ覚えれば、ミラベルでもアプリコットでもたいていの果物のパイが作れます。

●リンゴさまざま

ゴールデン、スターキングといったアメリカ美人に押され気味のフランス産リンゴを馬鹿にしてはいけない。近くの八百屋でも小さなリンゴを安売り中。ノルマンディーからのもので、本来はシードル（リンゴ酒）の原料だ。

レーヌ・デ・レネットはやや小柄で、太陽を浴びた側に赤がさしている。かじると、柔らかく密な肉質、甘味と酸味が上品に調和。それにこの香り、名前どおりの女王です。お菓子に使ってもいいし、豚肉や鳥料理のつけ合わせにもいい。

レネット・デュ・マンは、もう少し酸味が強いが、いくらかじっても飽きない。

大柄でざらざら肌のカナダやごつごつしたボスコップは、タルト（パイ）や砂糖煮がいい。

イギリス人のアンテナさんはやっぱりオーストラリア産のグラニースミスのファン。中型の緑色のリンゴで酸っぱいが、リンゴならではの嚙み心地は一番だ。薄く切ってサラダに入れてもいい。

スペインの味を再現

エビのサフラン風味

サフランの花のメシベを乾燥させたものは、料理に鮮やかな黄色、特有の香りをもたらしてくれるし、胃腸や血のめぐりにいい健康薬である。グレヌティエと呼ばれる穀物・スパイス屋で売っているが、びっくりするほど高い。一グラムを集めるのに二〇〇の花がいるそうだから、うなずける値段。すでに粉になっているものより、アン・フィラマンといってメシベの形のままの方が香りが強い。四人前でひとつまみを茶碗にとり、ハサミの先で細かく切る。そこに熱湯を注いで充分に発色させてから、料理に使った方がいい。

サフラン料理だったら、スペイン人が強い。

彼らをまねてエビのサフラン風味に挑戦したい。ガンバという地中海やセネガルの沖合いでとれる中エビを、一人当たり、三尾買ってくる。足を切りとり、背に縦に包丁を入れて火が通りやすく味がしみやすくし、白ワインをかけて、塩、コショウ。しばらく置いておく。

フライパンにたっぷりオリーブ油をとり、みじん切りにした玉ネギ少々、おしつぶしたニンニク二片、唐辛子一本を入れます。唐辛子はきざむと辛くなりすぎるので丸ごとにし、辛さが油ににじみ出たら引き上げます。玉ネギに色がついたら、エビを入れる。火はずっと強火。先ほどのサフラン液もそそいで炒め上げればいい。パセリを散らし、レモンを添える。

手で殻から出しながら、サフランならではの香りと味をむしゃぶる。うま味そのものといったソースも、パンにひたして残さず味わう。

小イカがたくさん出ている。軟骨、目玉、トンビをのぞきザクザクと切る。白ワインを加えて、塩、コショウし、よくよくかき混ぜれば、スミもからんで、塩辛黒造りという感じになる。あとはエビ同様にサフランを加えて調理する。炒めすぎるとイカが固くなるので注意したい。スミ袋をのぞいて赤ピーマンなどと炒めれば、色はきれいだが、味に深みがなくなる。酒のツマミによし、ご飯によし、スペイン人の大好物。

ワインは、隣国ポルトガルのヴィーノ・ヴェルデはどうだろう。アルコール度が弱く、軽く発泡する白でさっぱりしている。パリの若者たちの間で最近人気があるメキシコ産ビールもおすすめだ。

●各種ゆでエビ

魚屋にさまざまなゆでエビたちが並んでいる。

クルヴェット・グリズは、灰褐色で三、四センチほどの小エビだが、柔らかい身と潮の風味が感じられる一級品だ。透明な生きているものが手に入ったら、白ワインとあら塩を振ってバター焼きです。

クルヴェット・ノルヴェジエンヌは、北欧からの冷凍もの。安いが味は甘味があってなかなか。頭に入っている卵は、美味。

クルヴェット・ローズ（ブケ）は、鮮やかな朱色が美しい。海の幸盛り合わせを引き立てる。味に柔らかさが欠けているので、マヨネーズを添えた方がおいしいものだ。一番高い。

ラングスティーヌは、レストランの海の幸盛り合わせの頂上を飾るハサミの長い中エビだ。どちらかというとロブスターの親戚で、その繊細な味はパリっ子に人気が高い。生のものをカニ同様に自分で塩ゆでするとうまさが倍増する。

アフリカ人と兄弟になってしまう

牛肉とオクラの煮込み

パリの十八区や十九区にあるアフリカのレストランに出かけ、こいつを頼むと、「食べたことがありますか」と念を押されてしまうくらいに糸を引く牛肉とオクラの煮込みです。納豆のように糸を引く料理を毛ぎらいするフランス人が多いので、残されてばかりいるのだろう。ぼくらがおいしそうにすすり始めると、アフリカ人の目に「君は兄弟だったのか」という親愛の情があふれ出る踏み絵のような一皿です。

たくさんで食べたいから六人分作る。西アフリカでゴンボと称されるオクラは、粘り具合の好みによるが五〇〇グラムから一キロ必要だ。中国食料品店や十九区のオベルビリエ通りにあるアフリカン・ショップで、大きすぎずシミのないものを選びたい。ピリピリという超辛の唐辛子一本と真っ黒な燻製干魚も一尾買ってくる。この唐辛子は柄をつまむこと。本体に触って目をこすったりしたら死ぬ痛さだ、というのは前に書いた。あとでみじんに切る際も、ぼくはゴム手袋をはめることにしている。干魚は水で戻してほぐし、小骨をのぞいておきます。

厚鍋に、できたら、アフリカの香りに近づけてくれる落花生油をとり、小さく切った煮込み用の牛肉一キロとせん切りにした玉ネギ一個を炒めて、塩、コショウ。色がついてきたらヒタヒタに水を入れ、固形のスープの素、ほぐした干魚も加える。この干魚が香りと味の秘訣だが、なかったら、魚屋で売っているサバの燻製でもいいし、細かく切ったスルメや干しエビで我慢してもいい。

オクラはさっと洗ってから小口に切る。さらにすり鉢の中などで押しつぶせば、粘りが強くなるだろう。これを柔らかくなった肉に加えて、木のスプーンで静かにかき混ぜながらもう二十分は煮たい。オクラが鍋の底にくっつきやすいので、火は弱火を保ちます。

味も深くしてくれる唐辛子を添えて食卓へ。熱いご飯にかけて食べましょう。牛肉と干魚の渾然とした風味が忘れられなくなるだろう。この粘り具合、山かけを食べるときの快感がよみがえる。友人の民俗学者は喜びのあまりに「鼻からでも一気にすすれそう」と口走り、ひんしゅくを買ってしまった。

●手を使って食べる

リヨン駅脇にあったその店は、外見はふつうのカフェという感じでメニューも出ていなかったが、ジャワプリントの民族衣装を着たアフリカの女性たちが、頭の上にのせた大洗面器からおいしそうな湯気を立てながら、次から次へと出てくるのだ。勇気を出して入ってみたら、そこはすっかり外国。

その日の料理は魚のソースがかかったご飯だった。アフリカ人たちは、大きなホーローびきの洗面器に入ったご飯を、右手で器用にすくっては、軽く絞って余分な脂を振り捨てて、口に運ぶ。ぼくらには親切にナイフとフォークを出してくれたのだが、それでは脂を切れないから、しつこすぎるのだ。十五年も前のことだ。

現在でもレストランで手を使って食べる勇気はわかないが、ワジスさんの家に呼ばれた時は、全員右手を箸とフォークに変身させ、大皿を囲んだ。慣れると、手の中でご飯がうまくまとまるようになってくる。その上、真ん中に置いてある唐辛子に軽くさわって挨拶してからご飯をつかむと、辛さもちょうどいい。トムもリリも本当に楽しそうだ。

食べ終わったら、奥さんのカオルさんがボールに入ったぬるま湯を出してくれた。それで指を洗っていると、少しアフリカ？　に近づいたような気分。

ブダン・ノワール

勇気を出して美味発見

豚肉屋や臓物屋の店頭で、黒くトグロを巻いているブダン。煮上がったばかりで湯気を立てていたりもする。学生食堂で、十センチほどの長さになって、真っ黒な中身をボロボロ出しながら横たわっているこのブダンと初対面した時は、いささか勇気が必要だった。腸に豚の血と脂、火を通した玉ネギを詰め、さまざまなスパイスで味をつけたもので、その舌にまとわりつくような風味は一度食べたら忘れられない。中身の割合は豚肉屋それぞれの舌次第だから、いろいろな店のものを試したい。リンゴ入りのものもある。「プール・カトル・ペルソンヌ（四人分）」などと頼んで切ってもらう。一人分十五センチの長さはほしい。

まず人数分に切り分ける。フライパンにバター少々をとり、中火で焼いていく。皮にしっかりと焼き色がつくくらいがおいしいものだ。グリルで焼くのもいい。切り口から身がはみ出してきても気にしない。熱々をマッシュポテトと一緒に食べるのだが、ノルマンディー風と気取って、リンゴのマーマレードも添えることにする。

リンゴはレネットやボスコップなど酸味があるものを使い、皮をむいて小さく切ったものを、わずかの水を足して煮ていくだけだ。ぼくはシナモンとリンゴの蒸溜酒カルヴァドスを加える。砂糖は入れません。形がなくなるようになったら出来上がり。このマーマレードの甘酸っぱさが味を引き立ててくれるし、ブダンの消化を助けてくれます。

トリップという牛の胃もノルマンディー人の大好物らしく、カーン風モツ煮込みが有名です。残念ながら、これは胃の下準備も大変だし、調理時間も驚くほど長い。そこで、フランス人も豚肉屋や臓物屋で瓶詰めになっていたり量り売りされているでき合いを利用しています。温め直したら極上のカルヴァドスを振りかけて食卓に出します。つけ合わせはゆでたジャガイモが一番です。

このモツ煮込みに豆腐やコンニャクを加え、ショウガと醤油をきかせ、きざみネギもたっぷり散らし和風にすれば、東京のどんな店にも負けないうまさだ。

どちらも、ビールや甘くないシードルを飲む。

●アンドゥイユとアンドゥイエット

臓物入りの腸詰めはフランス人の好物で、まだまだある。

アンドゥイユは胃腸を巻いて腸に詰めていぶしてあるから、皮は黒く、切り口は木の年輪のよう。火を通す必要はない。クサヤにも負けない強烈な匂いだが、味は繊細で、値段もなかなかのもの。ワインのサカナにいい。「十切れください」などと肉屋に頼んで薄く切ってもらう。

白っぽいアンドゥイエットは豚や子牛の胃腸を詰めたものだが、これはキツネ色に焼き上げ、フライドポテトを添え、マスタードをつけて食べる。これにはうるさい人が多く、《真正アンドゥイエットを愛する友の会》という高名で超真面目な組織まである。全国のアンドゥイエットをすべて吟味し、うまいものにはAが五個（会の頭文字）のお墨付きを許可するという凝りようだ。

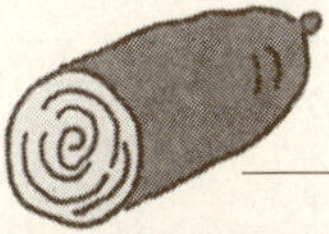

活きのよさで勝負する

ニジマス青造り

マスは、川魚ならではのかすかな苦さ、柔らかくしまった身、その美しい姿で、パリの食卓にもたびたび登場する。生け簀《す》で泳いでいるのを売っているような魚屋が近所なら、この魚のうまさが一番味わえるトリュイット・オ・ブルーを作ることができます。これはアルザスのムルーズに住んでいた友達のお母さんの得意料理を控えておいたものだ。

活きのよさが勝負だから、まず魚を煮るクール・ブイヨンを用意してしまう。といっても四、五尾分として水二リットルにワインビネガーを半カップ、塩大サジ二杯、コショウ少々、ローリエの葉一枚、タイム一枝を加えるだけだ。ビネガーが多いのは川魚特有の匂いと釣り合うため。煮立つように火を入れてから、マスを買いに行くというのが、理想的です。

魚がまだ生きているようだったら、すべらないように布巾でつかみ、マナイタの角でトーンと頭をたたいて息の根を止め、素早くワタを出し、沸騰しかけているクール・ブイヨンの中に入れる。表面のヌルヌルには、この料理の名前のように煮上がったとき表面がかすかに青味を帯びる秘訣があるのだから、ぬぐったりしてはいけません。静かに沸騰し続けるような火加減で、魚の大きさ次第だが、七、八分というところ。そっと水気を切るようにとり出してお皿に。パセリを散らし、レモンを添え、つけ合わせはゆでたジャガ、溶かしバターも別器にたっぷりと添えます。

生きてないマスなら、ムニエルにしてアーモンドを添えるという代表的な料理がいい。市販の薄切りアーモンドはから煎りして香りを出しておく。魚はワタを出し、さっと洗ってから表面をぬぐい、塩とコショウ味をつけた牛乳をくぐらして小麦粉をはたき、フライパンでバター焼き。中火で、カリッと両面に焼き色をつけたい。皿に盛り付け、レモン汁をしっかりと振りかけ、パセリを散らす。使ったばかりのフライパンにバター、ビネガーを加えて温め、うま味を溶かし込んだら、アーモンドと同時に魚にかけて食卓へ。

ワインはもちろん辛口の白でもいいが、アルザスのピノ・ノワールが面白い。薄い透明感のある赤。軽い飲み口の中に、むせるような香りがある。

●ニジマス料理続き

最近は、ハラワタをとりのぞかれた小型の冷凍ものがデンマークから届く。味は少々劣るけれど安い。たくさん買って和風に甘露煮にするといい。圧力鍋で四十分ほど弱火で煮れば骨まで食べられる。日持ちもする。

ギリシア風も人気だ。天火皿に重ならないようにマスをきっちりと並べ、オリーブ油と白ワインをヒタヒタになるようにそそぎ、軽い塩加減。ローリエの葉数枚、タイムやローズマリーの小枝、コリアンダーやコショウの粒、レモンの輪切りも入れる。アルミホイルでおおって、中火の天火に入れ三十分ほどだ。底が広い鍋に並べて弱火で煮てもいい。冷蔵庫で一日おいた方がぐんとうまくなる。

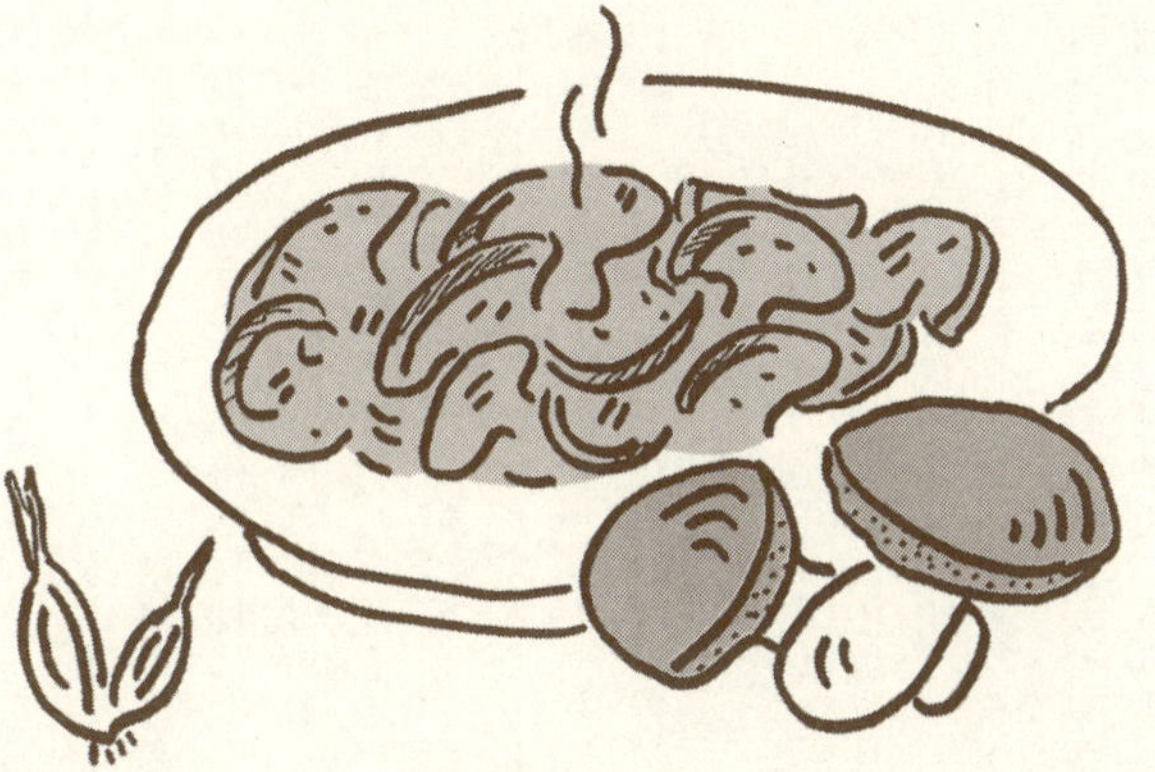

秋はやっぱりキノコです

ボルドー風セープ茸

秋が近づくと、アルザスのボージュ山地の麓《ふもと》に広がる森に、友だち一家とキノコ狩りに行ったことが思い出される。雨が降ったあとのよく晴れた日で、サンドイッチをリュックサックに入れて一日がかりで出かけて行くのだ。森には湿ったキノコの匂いがこもっている。ジロール茸はなかなか見つからなかったが、セープ茸はかごいっぱい採れた。

　このキノコは祖父に連れられていった新潟郊外の森でも採れて、確かアミタケと呼んでいたと思う。味噌汁に入れると、ヌルッとしてうまかった。

　そのセープ茸の中でも、テット・ド・ネーグルと呼ばれる、かさがセピア色で足がずんぐりしたものが見つかったりしたら大歓声！　これは料理上手な友だちのお母さんが、クルミ油を塗りながら網焼きにしてくれたものだが、香りといい歯ごたえといいキノコ料理の横綱です。

彼女のもう一つの得意料理はセープ・ファルシ。キノコの足の部分をみじんに切って子牛やら豚の挽き肉と混ぜ合わせ、エシャロットやらニンニクの香りも加えてから、かさに戻して詰め、天火で焼き上げる。

セープ茸は少し値が張っても、たまの贅沢だから、かさの裏のスポンジ状のところがしっかりしていて足がずんぐりしたものを四、五本買ってくる。水洗いは禁物で、布巾で汚れを丁寧にとります。もしキノコが古くスポンジ状のところがぬるぬるしているようだったらとりのぞいた方がいい。これをできるだけ表面積が広くなるようにそぎ切りにしておきます。

きょうはボルドー風にしたい。鍋に油と、色をよくするためにレモンの絞り汁少々を入れ、キノコを加える。中火で炒め煮。これは余分な水気をとるためので、五分ほどしたらキノコだけをとり出す。

今度はフライパンに大サジ二杯のバターと同量の油をとって熱くし、先のキノコを加えて炒めていく。軽く色がついてきたら、みじんに切ったエシャロット大サジ一杯、塩、コショウ適量を加え、もう少々火を通す。パセリを散らして、これからがシーズンの野禽《やきん》料理のつけ合わせにでもしたら文句なし。この炒め上げたキノコをオムレツに入れるのも、おすすめです。

●ジロール茸

オレンジ色が美しい高価なキノコ。上品な風味を生かすには、さっとバター炒めしてから、オムレツやスクランブルド・エッグに加えるのが一番だ。

●エシャロット

フランス料理の風味に一役を演じているエシャロットは、親戚の玉ネギよりも微妙な香りだが、ニンニクほど押しつけがましくもない。そんな性格を理解して、ある時は玉ネギと半々、ある時はニンニクを手伝わさせたりといった心づかいが大切だ。オリーブ油にはねじ伏せられがちだが、バターや生クリームとは仲がよく、魚や肉に添えられる上品なソースに欠かせない。ビネガーも友だちで、みじん切りになってビネグレットソースに入ると真価を発揮。レストランでカキを注文すると、必ずこのエシャロット入りビネグレットソースがついてくる。

エシャロットを使った料理は、もともとボルドーが発祥の地で、ボルドー風というと、顔を出す。

日の当たらない風通しのよいところに保存すれば長持ちするものだから、常備しましょう。

ゾラさんに教わった一品

カモの胸肉、セープ茸ソース

なじみの《ラ・プチット・フォンテーヌ》というレストランで、台所の切り盛りをしているのは女主人のゾラさん。アルジェリア出身の美人だが、クスクスだけでなく、フランス料理にも才能を発揮している。中でもマグレというカモの胸肉を焼いた一品にはファンが多く、秋になるとセープ茸のソースが添えられる。

ソースに使うだけだと、セープ茸が二本もあればいいので、安く秋の香りが楽しめるわけだ。カモの胸肉はつまった肉質なので、一つ三〇〇グラムほどのもので二人前の分量だ。二つ買ってくる。

まずソースのもとになるルー作り。フライパンにバターを大サジ二杯とり、溶けたら小麦粉を同量加え、木のヘラで絶えずかき回しながらキツネ色になるまで炒めます。ここでコップ二杯分の水かスープを少しずつ加え入れ、塩とコショウで味をととのえればルーができる。お椀にでもとっておきましょう。

フライパンを洗い、今度はみじんに切ったエシャロット二個とニンニク一片を弱火で二十分炒める。ここで細かく切ったセープ茸を加えるのだが、ゾラさんの秘密は「コニャックでフランべする」だった。もう十分炒め、先ほどのルーを混ぜ入れ、小鍋にとる。

カモの肉は、厚い脂を持った皮に火が通りやすいように何本か軽くスジを入れる。塩をさっと振り、皮の方から強火で焼いていく。ゾラさんはグリルを使うが、フライパンなら軽く油を引いた方がいい。皮にしっかりとした色がついてカリッと焼き上がったら、ひっくり返す。ここで火を弱くし、芯が薔薇色のミディアムを望むなら、厚さにもよるが五分くらいだろう。肉をアルミホイルに包んで冷めないようにしておく。

にじみ出た脂ものぞき（美味！　捨てないこと）、ボルドーの赤ワインをコップ一杯加え、フライパンにこびりついたうま味を溶け込ませたら、先ほどのルーを混ぜ入れ五分ほど煮る。このセープ茸入りソースはボルドー風ソースとも呼ばれています。

カモを薄く切って扇形に並べ、ソースをたっぷりとかけ、パセリを散らし、ジャガイモ炒めを添える。

ワインは、ボルドーの赤が当たり年だった一九八九年か九〇年のオ・メドックのシャトーにしたい。

●マッシュルーム
マッシュルームは、十九世紀にはパリ十五区の地下で栽培されていたので、シャンピニョン・ド・パリと呼ばれるのです。今でもパリ近郊の洞窟の暗闇が産地で、カンテラを頭につけた人たちによって採集されている。天然のキノコに比べると香りは負けてしまうが、一年中あって値段が安い。白いものと褐色のものがあり、白く仕上げたい時は別として、褐色の方が風味がいいようだ。

素敵なオードブルのギリシア風は、ぜひ覚えておきたい。マッシュルームは小さめのを五〇〇グラム。鍋に半リットルの水、半カップのオリーブ油、コショウとコリアンダーの粒を混ぜて小サジ一杯、レモン二個分の絞り汁、ブーケ・ガルニ、セロリの茎を入れて、三十分ほど煮ておく。石づきをとったマッシュルームを、そのグツグツいっている煮汁に加え十分煮るだけ。ぼくはトマト味をつけないことにしている。翌日がおいしく、冷蔵庫で四日は持つ。

カッサブのズークを聞きながら

南の島のおつまみたち

グアドループ島出身のシルヴェールさんの家によばれるのは、とっても楽しい。各種の山イモとか豆を豚肉と煮込んだものや、南の香りがする魚料理も素敵だし、彼女得意のラム酒をベースにしたカクテルを飲みながら食べるカリブ風かき揚げのうまさ！

その中で代表的なアクラ・ド・モリュという干ダラ入りを作ってみよう。八人くらいのパーティー用の分量です。スピーカーからはカッサブやデデ・サン・プリのズークを流し、心と体でリズムをとりながら陽気に作りましょう。

干ダラは、一五〇グラムほどを前日から水を何回か替えながら塩抜きする。これを二十分ゆでてから水にさらし、骨と皮をとりのぞきミキサーにかけるか包丁で細かくたたいておく。

小麦粉四〇〇グラムに水コップ二杯、玉子一個を入れ、ダマができないように丁寧に混ぜ、テンプラ用よりやや固めという感じの種を作る。あったらベーキングパウダーをふたつまみ加えるとふっくらと揚がる。シブルという細ネギ一、二本（新玉ネギの芽でもいい）、ニンニク二片、パセリ、唐辛子適量をそれぞれみじんに切ったものをこの種に加え、先ほどのタラも入れて混ぜ合わせます。シルヴェールさんによれば、このへんは各家庭の味があるのだそうです。

あとはこれを小サジにすくっては油に落としながら、中火でこんがりと揚げるだけ。熱いものをフーフーいいながら食べましょう。干ダラのかわりに干しエビを入れたりすれば、シルヴェールさんもびっくりするかもしれない。

アフリカ料理の影響か、オクラもサラダや煮込みになってよく出てくる。トマトソース煮が簡単で、懐かしいおいしさがする。

小さめのオクラを五〇〇グラム、ヘタをとってさっと塩ゆで。鍋に油を多めにとり、みじんに切った玉ネギ二個とさいの目に切ったトマト二個を入れて炒め、トロトロになったところでオクラを加える。塩、コショウして、フタをして弱火で二十分ほどで出来上がり。唐辛子をきかしてもいい。冷めたものはおつまみに、熱いものは肉・魚のつけ合わせになります。

●クレオル風ブダン

マルチニーク島やグアドループ島の人たちが大好きな小さなブダンです。この前のパーティーではシルヴェールさんの手製が出た。すごい量の豚の血が必要らしく、浴槽で仕事が進められたとか。柔らかな風味とピリッときいた辛味の調和が見事だった。お店で買ってきたら、十五分くらい静かにゆでる。指でつまんで中身だけをチューチュー吸ってしまうのが本場の食べ方だ。

●シックタイユ

塩出しした干ダラを火であぶってから、細かく裂いたりほぐしたりして、レモンやさまざまなスパイスで味つけした前菜。

セ・トレ・ボン！

●ティ・ポンシュ

一緒に飲むのはラム酒のカクテル。南の島の果物風味も見事だが、究極は一番シンプルなティ・ポンシュ。小さなグラスに褐色の甘蔗糖《かんしょとう》少々を入れ、ライムをしぼり入れ、透明なラム酒をそそぐだけだ。

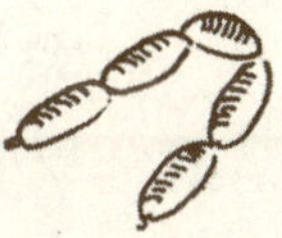

名月や、ウサギを食べて、いい気持ち

ウサギの赤ワイン煮

秋のウサギは脂がのって一段と柔らかくなります。春先は白ワインで料理したが、今度はジャガイモと一緒に赤ワイン煮です。

ウサギは切り分けてもらって買ってくる。時間があったら、塩、コショウしてから半日くらいコット・デュ・ローヌのような赤ワインに漬け込みたい。惜しがらずに半リットルくらいはそそぐ。みじんに切った玉ネギも入れ、タイム、ローリエ、ローズマリーが粉になって混ぜ合わされたエルブ・ド・プロヴァンスというスパイスも振りかける。油も少し加え、コニャックやマール酒もちょっぴりでいいから入れると、味がぐんとよくなる。時間がない人は、以上の材料を、ウサギを炒め終わった段階で加えればいいでしょう。

ココットのような厚い鉄鍋にバターをたっぷりとり、煙が出るくらいに熱くなったら、赤ワインをぬぐったウサギを入れる。気持ちが悪くても、いいダシが出る出っ歯の頭も忘れない。肉全体にいい焼き色がついてきたら、トロミのもとになる小麦粉を大サジ二杯振りかけ、押しつぶしたニンニク一片を入れる。しばらくしたら赤ワインの漬け汁を、玉ネギごと加えます。ここで軽く塩、コショウをし、上下丁寧にかき混ぜたらフタをして煮ていく。柔らかいウサギだったら四十五分ほどで煮え上がるはず。煮すぎてウサギの身がくずれないよう気をつけましょう。

出来上がる二十分前ほどになったら、小さくコロコロと切った新ジャガを入れる。さいの目に切ったベーコン少々と小さな玉ネギ十個も別に色よく炒めてから加える。ジャガイモが柔らかくなったら完成だが、火が入ると赤ワインの色がどうしても青っぽくなってしまうので、ぼくはカラメルソースを作っておいて加えることにしている。色も美しくなってツヤが出てくるし、いぶしたような苦さも味のアクセントになるからだ。パセリを散らして鍋ごとドーンと食卓に出す。これに前に作ったボルドー風セープ茸などを添えたら、月が霞むほどのごちそうです。

これだけ手をかけたんだから、ワインも凝ってコット・デュ・ローヌの銘酒ジゴンダス。濃い紅色、タンニンにしっかりと支えられた奥のある味。秋が深い。

●ニンニク

フランス、特に南仏の料理に欠かせないニンニク。旬のころには、茎をきれいに編み上げた束を売っているから、一つ買ってきて陽の当たらない風通しのよい場所にぶら下げておこう。半年は持つ。

ニンニクの玉はテット（アタマ）、一片はグースという。使い方もさまざまで、炒め料理にはみじん切りにしたり、押しつぶしたりして加えるし、肉の塊をローストする時には、細く切って刺し込む。スープや長い時間かける煮込みには、丸ごとを裸にしたり、皮つきのままで入れる。炒める時は、焦げると苦くなるので最後に入れることが大切だ。

オリーブ油が熱くなったら、皮をむいたニンニクを図の道具に入れて、油の上で押しつぶす。即座にいい香り、というのが南欧料理の基本だ。使い終わったら、穴につまったニンニクをマッチ棒などでつつきながら、蛇口の流れ水で洗いたい。

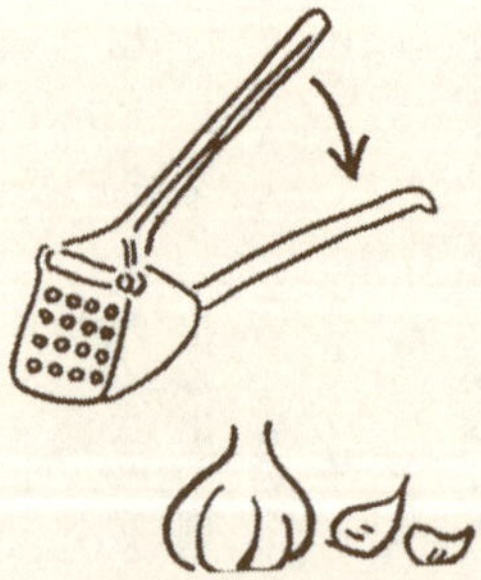

釣りの雑誌の魚料理から

サバのショウガ風味

『ラ・ペッシュ』という釣りの雑誌が魚料理特集号を出した。びくから魚を溢れさせながら勇んで帰ってきても、奥さんに「ウァー、こんなに！」なんていやがられたりするから、そう、釣り人は自分の釣ってきた魚に責任があるのです。ぼくとトムがブルターニュの港町の突堤《とってい》から釣っても、せいぜい十センチほどのアイナメなので、ブツ切りにしてスープにしたり、粉をつけてカラ揚げで終わってしまうが、サバを三本、四本と釣り上げたらどうしよう、という場合の料理を紹介しましょう。

サバは大きめのを二本釣らなくてはいけない。これで四人前。三枚におろし、片身を斜めに三つに切る。本に書いてなかったが、ぼくは、これをザルにとって軽く塩を振り、半日くらい身をしめてから料理した。魚の身をしめれば、味もよくなるし扱いも楽になるということを、フランス人はほとんど知らない。どんどん教えて上げましょう。

まずショウガ風味のソースの準備。そう、こんな一般向けの雑誌にも、ちゃんとショウガが登場するようになってきたのです。

トマト三個は、浅く十字の切れ目を入れてからさっとゆでて皮をむき、種子をとってざっとみじん切り。玉ネギ二個、ニンニク三片、ショウガ親指大も、やはりみじん切り。

鍋に油をとり、熱くなったら以上の野菜類を全部入れて炒める。塩、コショウ。少したったら、白ワインを一カップとパセリを束ねたものを加え、フタをして弱火で二十分煮る。あとは、パセリをとり出してから、ミキサーにかけてキメの細かいソースにしてもいいし、スプーンなどで押しつぶして田舎風のソースにしてもいい。トロ火で冷めないようにしておこう。

今度はフライパンに少量のオリーブ油を熱し、両面二分ずつサバを焼く。皿にとり分け、たっぷりとソースをかけましょう。つけ合わせはバターライス。ショウガとニンニクがきいているからサバがしつこくなく、トマトの風味も加わって本当に美味だった。

ワインはロワール地方の白で、パリでも手に入るようになったシュヴェルニ。軽くすっきりしている。

●包丁・その二

クトー・シは、ギザギザ刃の包丁で、パン専用です。これはステンレス製。しっかりとした歯ざわりの田舎パンは、この包丁がないとうまく切れない。

　ポケットナイフも、ピクニック好きの人には必需品になるだろう。こちらのボーイスカウトたちが愛用しているのはオピネル印。うれしいような安さだが、切れ味は満点。持参したソシソンだって薄く切れてしまう。高級品はラギオルで、優雅で細長い柄は角、刃がカチッとおさまる感じが最高だ。指のすべり止め用のギザギザもありがたい。

　シゾー・ア・ポワソンは魚用のハサミ。魚の下ごしらえにハサミなどというと日本人はびっくりするが、じつに便利なものだ。魚屋も、まずこのハサミで腹をさいてワタを出し、ジョキジョキと背ビレを切る。とても丈夫な作りだから、頭だって中骨だって切れて出刃《でば》のかわりになってしまう。

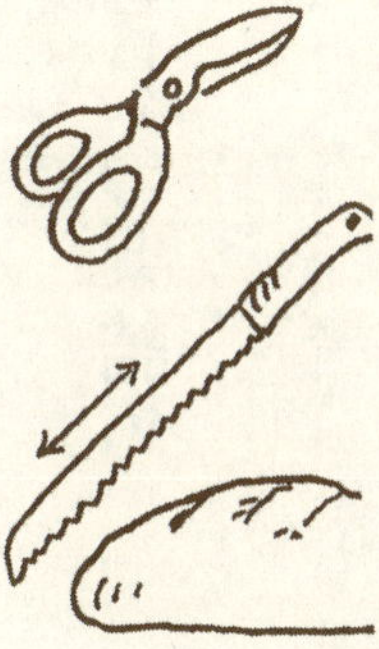

秋ならではの鳥料理

ホロホロ鳥の栗詰め

十一月から一月にかけて、新栗が八百屋に出る。パリ郊外のムドンやランブイエといった森でも栗を拾うことができる。マロン・グラッセやマロン・クリームといった素敵なデザートになるだけでなく、野禽料理のつけ合わせとしてクリスマスのごちそうに顔を出したりする。栗が豊富なコルシカ島では、挽いて粉にし、煮たり焼いたりする重要な日常食だ。

その栗に切れ目を入れてからゆで、皮をむいてホロホロ鳥に詰めるのだが、これが面倒な人にはちょっとした手抜きの方法もある。寒くなると、パリの街頭に栗を焼く匂いが流れる。ドラム缶を改造した炉にこんがり焼けた栗が勢ぞろい。それを買って、温かさも一緒にポケットに入れ、一つ一つとり出してはかじりつつ町を歩いていくのは晩秋の楽しみだ。その焼き栗を詰め物に利用したらどうだろう。大きい方のマスで一袋買って帰る。これだと、面白いように皮がむけるし、一度焼いてあるので詰め物の香りも一段とよくなる。もちろん瓶詰めのむき栗でもかまいません。

みじん切りの玉ネギ一個とニンニク少々、薄く切ったベーコン適宜をバター炒め。火が通ったら、さいの目に切ったリンゴ一個を入れ、透きとおってきたら栗も加え、軽く塩、コショウ、水気がなくなるように炒め上げれば詰め物の準備完了。

鳥は、鶏でもいいが、身に弾力があって歯ごたえがいいホロホロ鳥を選んだ。パリではふつうの肉屋でもスーパーでも簡単に手に入る。かんしゃく持ちで筋肉の運動量が多いからうまいのだそうだ。値段も鶏並みです。ロースト用に用意してもらう。

詰め物をきっちりと腹に詰め込み、全体に塩、コショウして天火皿へ。詰め物があまったら、焦げないようにアルミホイルでくるみ、丸ごとのジャガイモと一緒にホロホロ鳥の脇に入れておこう。トリの大きさにもよるが一時間ほどで焼き上がります。肉の滋味をたっぷり吸った栗の詰め物のおいしいこと。クリスマスのごちそうとしても通用する。

ワインは、スペイン国境コット・デュ・ルシヨンの数年たった赤。普段用の気楽な赤だったが、最近は油断できず、ボルドーに負けないコクがあったりする。

●クレーム・ド・マロン

甘く煮た栗を練ってクリーム状にしたものが缶詰になっている。アルデッシュ地方の名産品だ。バニラの香りもして、栗ようかんもたじろぎそうなおいしさです。バヴァロワとかアイスクリームに使われるだけでなく、クレープの中にも入る。冷たくしたものに生クリームを添えれば手軽なデザートだ。

●ウズラ

小型の渡り鳥ウズラは、秋になると脂がのってくる。最近はほとんどが飼育されたもので、散弾の粒が歯に当たったりしなくなった。しまった肉質、野鳥っぽい風味は捨てがたい。一人一羽必要だ。

ぼくは二つに割ってもらって、バター炒めする。フライパンに出たうま味はコニャックや白ワインに溶け込ませ、ウズラの上からかける。クレソンとレモンを添えたい。バジリコ風味のトマトソースで炒め煮するのもいい。

美しく、おいしい梨のデザート

ポワール・ベル・エレーヌ

　オッフェンバックの大当たりしたオペレッタ「美しきエレーヌ」を名前にもらった料理がいくつかある。十九世紀末、パリっ子たちの盛り場としてにぎわっていたグランブルヴァールの派手好きなレストランが競ってつけたものらしい。このエレーヌは、砂糖蜜で煮た梨、バニラアイス、温かいチョコレートソースが三重奏を奏でます。

　秋のはじめに出回るウイリアムス梨を使うのが本当らしいが、秋も深まってからおいしくなるコンフェランス梨も、やはり香り高く煮くずれしにくいから、少し華奢な腰まわりだが、とてもおいしいエレーヌさんになる。

梨は、柄を残して皮をむき丸ごとでもいいのだが、半分に割って柄と芯をとった方が簡単だろう。これを砂糖蜜で煮るのだが、水一リットルに対し砂糖一五〇グラムという割合だ。少し高価だが縦割りにしたバニラ半本も加える。バニラエッセンスだと香りがくどくなってしまいます。五分くらい沸騰させてシロップの風味がよくなってから梨を加え、もう一度沸騰したら弱火にして十五分煮る。この蜜の中で冷まし、芯までうまさがゆきとどくようにしたい。食べる一時間前になったら、仕上がりがビチャビチャにならないようにザルにとって水気を切っておくといい。

メインのお皿が終わりそうになったら、チョコレートソースの準備。できるだけカカオ分の多いブラックチョコレートを湯せんにかけるのだが、牛乳大サジ四杯も入れてなめらかにしたら、火から下ろし生クリーム大サジ二杯を入れる。バターも少々加えるともっとツヤが出るが、そこまでやる必要はないだろう。これをあらかじめ熱くしておいたソース入れにとる。

ガラス製とかステンレス製のきれいな器に、バニラのアイスクリームを丸くとり、梨を優しく添え、チョコレートソースを一筋まとわせて、ソース入れとともども食卓に出す。

華やかな名前にふさわしい容姿といい、とろけるように柔らかい梨とほろ苦く温かいチョコレートソースの組み合わせといい、デザートとして人気をよぶのがもっともな美人です。

●「ポワール・フランセーズ・ニュメロ・アン！」と八百屋が叫んでいるが、うなずいてしまう。

ウイリアムスは九月が旬。なによりも香りが素晴らしく甘さも上品だ。ワイン煮にしたりリンゴ同様にタルトを焼くのもいい。この梨から作られる蒸溜酒はウイリアミンヌとも呼ばれ食後酒の花形。

ブーレ・ハルディは、少々小太りだが、ぼくのお気に入り。ウイリアムスほど果汁があふれないが、果肉に甘さが詰まっている。優しく扱いたい。

コンフェランスは細身の梨で二月ごろまで楽しむことができる。すべるような口当たり、甘くて香りも高い。

コミスは、大きい梨。果汁が多く口の中でとろけそうだ。すぐにシミが出ていたむので、熟れすぎていないものを選びたい。

パス・クラサンヌは、十一月くらいにあらわれるオクテで太めの梨。水っぽくて果肉がザラザラしていることもある。

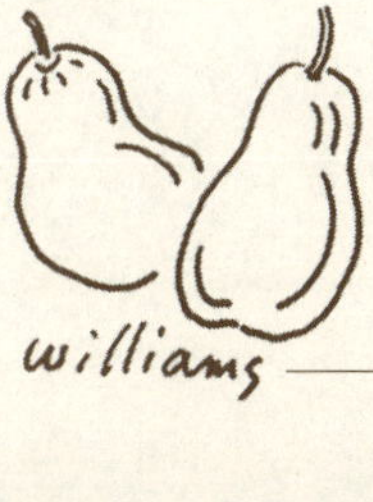

秋、冬のサラダの鮮やかな緑色

マーシュと帆立貝のサラダ

マーシュは、柔らかな口当たり、みずみずしく独特な風味をもったサラダ菜。真冬でも霜がおりることのないナント地方の名産です。最近はパリ近郊でも栽培されている。ビタミンや繊維質にも富んでいるから、その明るい緑色を生かしながら、同じく冬の代表選手、白いアンディーヴや赤いベトラーヴ（ビーツ）とミックスして、彩りが鮮やかなサラダを作りましょう。リンゴやクルミとの相性も抜群です。クリスマスのごちそうの前菜にもなるように、帆立貝入りの豪華なサラダを作ってみよう。

マーシュは葉が小さく丸く、緑が濃いものの方が味が深い。量り売りにされているから、四人分として二〇〇グラムほど買ってくる。根を切りとり、たっぷりの水で洗ったら、よく水を切り、虫食い葉や黄色くなった葉をのぞいておく。

予算が許したら、帆立は、今が季節の殻つきのものを一人当たり二つほしいなあ。もちろん冷凍を使えば安上がり。でも味が落ちるのはやむをえません。柱とオレンジ色のコライユと呼ばれる舌（本当は生殖器）だけを使います。冷水で丁寧に洗ってから、よく水気を切り、柱は三つくらいにそぎ切りにする。これを、フライパンにバターをとって熱くし、二、三分炒めて、塩、コショウ。この上にビネガーを大サジ一杯ほど振りかけて、うま味を溶け込ませる。ビネガーは、帆立の風味にとても合うヴィネーグル・ド・クセレス（シェリー酒からできたビネガー）を使ったりしたら、星つきレストランのシェフだって脱帽！

大きなサラダボールにレモン汁大サジ一杯、ヒマワリ油とオリーブ油を半々にして大サジ四杯、塩ひとつまみとコショウ少々を入れ、フォークでよく混ぜ合わせておき、食卓へ出す直前にマーシュを加え、何回か上下を大きくかき混ぜる。早くやりすぎるとマーシュの歯ざわりがなくなってしまうので注意しましょう。この上に、まだ温かい帆立貝をのせ、ビネガーをかけまわせせば、おしゃれな前菜だ。

一緒に飲む白ワインは、帆立貝の甘みを引き立たせてくれる、香り高いロワール川上流の銘酒、プイイ・フュメなどを抜きたいものですね。

●カボチャのスープ

大きな大きなポティロン（カボチャ）が切り売りされている。「シンデレラ」を書いたペローが、カボチャを見ながら馬車を思い浮かべたのも無理はない。歯ごたえがないので和風にするとがっかりだが、フランスでは、その甘味を生かしてグラタンにしたり、マッシュしてからスープにしたりする。

カボチャ八〇〇グラムは皮をむき、種子とそのまわりの柔らかいところをのぞいて、小さく切る。水半カップとバター、塩少量を加え、フタをして二十分煮たら、丁寧に押しつぶし、大きめの鍋に移しかえる。ここにトリガラのスープ（インスタントでもいい）を一リットル加えて沸騰させる。グツグツいってはねるので、やけどをしないように気をつけたい。味をととのえ、バターを足せば、体が芯から温まるスープです。明るいオレンジ色も美しい。

死のトランペットってなあに?

トリ、マレンゴ風味

夏から食べることが出来る、トロンペット・ド・ラ・モール（死のトランペット）というコワイ名前のキノコは、黒く汚れた感じの外観のおかげか、栽培ができるようになったせいか、セープ茸の三分の一くらいの値段だが、味や香りはなかなかのものだ。気楽に秋らしい風味を楽しみたい。白ワイン、トマト、ニンニクが基調のマレンゴソースでトリを煮て、このキノコをたっぷり加えた料理を作ってみよう。キノコは少なくとも三〇〇グラム、安いんだからキノコ好きはその倍入れたっていい。石づきをとり、汚れがあったら乾いた布巾でぬぐっておく。

トリは、モモ（大きかったら二つに切る）、手羽先、胸肉と、六つか八つに切り分ける。

ココットのような厚鍋に油とバターを半々にとり、熱くなったらトリを炒める。強火。色がついてきたら、みじんに切ったエシャロットとパセリを、それぞれ大サジ一杯ほど加える。しっかりした焼き色がついたら、小麦粉を大サジ二杯振りかけ、押しつぶしたニンニク一片も入れ、いい匂いがしてきたら、白ワインをコップ一杯そそぐ。水かスープも同量加え、木のヘラで底にこびりついているうま味を溶け込ませる。ここまではかなりのスピードなので、材料はあらかじめ洗ったり切ったりしておいた方が、あわてなくてすむ。

ここで火を落とし、濃縮トマト大サジ二杯、タイムとローリエ少々を加えて、塩、コショウ。フタをして一時間くらいコトコト煮ていきましょう。

この間にキノコの準備。といっても、フライパンにバターをとり、なるべく強火でさっと炒め上げるだけだ。トリが煮えかかってきたら、キノコを加え、もう二十分ほど弱火で煮ていく。パセリを散らして食卓へ。キノコの感触がたまらない一品です。

その上、もうおなじみになったクルトンという揚げ食パンを添えたら本格的だ。これを、白ワイン、トマト、ニンニクが入ったマレンゴソースにひたして食べると、涙です。

トリのかわりにウサギや子牛を使ってもおいしくできる。

ワインは、もうボージョレ・ヌーボーが出ているころだろう。まろやかなトリの風味にふさわしい。

●パリのカフェ・その一

ワインやコーヒーを飲むだけでなく、時間に追われたサラリーマンやあまりお金のない学生たちが食事をとる場所でもある。各種のサンドイッチ、クロック・ムッシュー、オムレツ、ニース風サラダ。昼食時には「今日の一品は、ロースト・ビーフ」などと窓に白いクニャクニャ文字で書かれる。

カフェで待ち合わせ、アペリチフをとる人も多い。最近女性に人気があるのが、カシス（スグリ）のリキュールを白ワインで割ったキール。くすんだ赤の色合いが美しい。かなりの甘さで、飲みすぎると足をとられる。パリ野郎はこぞってパスティス党。琥珀色の液体を氷水で割ると白濁する。初めはウイキョウの匂いが鼻につくが、慣れるとあとを引くうまさ。リカール、ペルノなどいくつかの銘柄がおいてあり、味はほとんど同じだが、みんな「アン・リカール」などと顔をしかめながら名指しする。これもノンベの気取りです。

オン・ザ・ロックで飲む黄色いシューズやリンドウの苦味が独特なジャンシアーヌも、フランスならではの食前酒で一度は飲んでみたい。

レストランにも負けない美しさ

ホウボウ、マスタード風味

フュメ・ド・ポワソンというのは、魚のアラから作った濃いダシでしたネ。これとマスタードとバターを組み合わせたソースで、ホウボウを料理する。ルーアンのジャンヌ・ダルクが処刑されたという広場にいくつか魚のレストランが並んでいるが、そこで食べて気に入った一品です。

魚は別にホウボウでなくても、ヒラメ、カレイのように、白身でダシの出る魚だったらなんでもよい。四人だったら一キロ魚を買ってきます。ホウボウを三枚におろして小骨をのぞき、片身を三つくらいに切り、軽く塩をしてザルにとっておく。レストランでもそうだったが、朱色の皮は残しておいた方が仕上がりがきれいです。

ここでフュメ・ド・ポワソンを作ってしまう。三枚におろして出たアラは、頭もふくめて炒めやすいように大きく切り分ける。ニンジン二本、エシャロット二個はみじん切り。鍋にバターを少しとり、以上のものを数分炒めたら、白ワインをコップ一杯、水をコップ二杯そそぐ。これにブーケ・ガルニも加えるのだが、タイムとローリエが新鮮だと香りがちがう。控えめに塩もして二十分ほどグツグツ煮てから漉します。ふつうはレモンの絞り汁も入れるが、今回は、あとで加えるマスタードに酸味があるので入れません。

小鍋にマスタードを大サジ二杯、フュメをその倍の量入れて弱火にかける。よく混ざったらバターをたっぷり大サジに山盛り三杯は加えたい。これがトロミになるからだ。薄切りにしたマッシュルームを適量加えてもう数分。その間にフライパンで魚を両面さっとバター炒めします。

熱くした皿にこのソースを敷き、魚を並べ、パセリを散らせば、これはもうプロの味、プロの彩りだ。つけ合わせにはゆでジャガがいい。

あっさりした味にしたいのなら、魚をバター炒めするかわりに、フュメで数分間ゆでそのまま盛りつけるまで放っておくのが、いいでしょう。

ワインは、アルザスの陽が当たる丘で育ったリスリング種のぶどうで作られた白。辛口でいながら気品があり、口の中が果実の香りで満たされてしまう。

●パリのカフェ・その二

カフェのテラスはすごい込み方で、いくら呼んでもこないボーイさん。さあ、どうする。

着席したら、手をあげて合図するのだが、やはりタイミングがある。当然ながらボーイ氏がセクシーな女性に見とれている時は、三回転宙返りをしてもダメ。ほかのテーブルで注文をとっている時や、お盆にいっぱい飲み物をのっけて戻っていく時もよした方がいい。頭の中には彼なりの順序があって、そんな時に声をかけたりすると、本当のイジワルが始まったりする。

空になったお盆をかかえている時がねらい。大声を張り上げる必要はない。職業柄、彼の視線は休むことがないから、その動きを見澄ましてサッと手をあげる。このサッというリズムが大切です。飲み物を持ってきてくれたら次回のこともあるので、大きな笑顔で「メルシ！」

こんなことに注意すれば、もうカフェのプロ。席に着くとボーイさんがすっとんでくる、肩をもんでくれる、ワインもなみなみ注いでくれる、回りのテーブルからは嫉妬の熱い視線……結局コツは、重いお盆を片腕で支え一日三十キロは歩くというボーイさんへの心づかいなのです。

伝統的な大衆料理を守りたい

牛肉の赤ワイン煮

赤ワインで煮たブッフ・ブルギニヨン（ブルゴーニュ風牛の煮込み）は、ほとんどのフランス人が大好きといってもいい大衆料理だ。彼らが誇りにする肉とワインが一つになったのだから、当たり前といえば当たり前。ところが、ぼくが入る程度のレストランだと、赤ワインがケチってあったり、コクがなかったり、肉が固かったり、がっかりすることが多い。わが家でも寒くなってくると、くり返しくり返し食卓に顔を見せる。自慢じゃないがうまい。といっても材料に注意し、手間をちょっとかければ至《し》極《ごく》簡単です。

牛肉だが、ブルギニヨン用と表記され、すでにブツ切りにされて売られているものは、肉屋がロースト用やらステーキ用やらに細工した落ちなので、いろんな部分が混じっていてあまり信用できない。ジットというスネ肉でもいいパルロンという頸肉でもいい、自分の嗜好に合った部分を見つけたい。僕は脂身が適度に混じったバス・コット（肩ロース）を一キロ買う。ラールと呼ばれる豚の脂身一五〇グラムもほしい。肉はコロッコロッと切り、小麦粉をまぶしておく。

ココットのような厚鍋にバターをとり、まず豚の脂身を細かく切って炒める。これがトロッとしたコクを出すための秘訣だ。それがキツネ色になったら、牛肉を加える。強火。表面に色がついたら、せん切りにした玉ネギを二個入れるのだが、エシャロットがあったら半々にしたい。しばらく炒め、赤ワインを半リットルと、水を一カップそそぐ。塩、コショウ、ブーケ・ガルニ、つぶしたニンニク一片も加えてフタをし、弱火で二時間は煮込みたい。圧力鍋で時間を倹約しようとすると絶対にコクがでない、あきらめましょう。

小玉ネギ十個か、なかったら玉ネギ二個を厚く輪切りにしバターで焦がして加え、もう二十分の辛抱辛抱。好みでマッシュルームを入れるのもいい。仕上げにバターと小麦粉各大サジ一杯をフォークで混ぜ合わせたものを加え、ツヤを出す。パセリを散らして完成。

つけ合わせは別にゆでたジャガイモしかない。本物の料理に飢えた若いフランス人の喝采を博します。

ワインは、ヌーボーでも一段格上のボージョレ・ヴィラージュにしたい。味の奥行きがちがう。

●ユヌ・リーヴル
たとえば、ニンジンを一キロ買う時は「アン・キロ・ド・キャロット、シルヴプレ」と注文するんだから、半キロの時は「アン・ドミ・キロ」でいいわけだが、ごくふつう耳にするのが「ユヌ・リーヴル・ド・キャロット」という表現。

リーヴルは昔の秤量《しょうりょう》単位で、イギリスのポンドに近く、正確には五〇〇グラムを割るらしいが、現在は半キロとまったく同義です。一キロ半ほしいなら、「トロワ・リーヴル・ド・キャロット」です。この「ユヌ・リーヴル」は肉屋や穀物屋でも耳にする。なお、一キロちょっと、あるいは半キロちょっとを頼みたい時は「アン・ボン・キロ」、「ユヌ・ボンヌ・リーヴル」となります。

une livre de carottes s'il vous plaît!

[コラム]チーズあれこれ。

たっぷりの肉料理のあとでも、チーズの盛り合わせが食卓に出てくると、みんな「おいしそうだなあ」と目を輝かし、姿勢を正す。日本人は「鮨は別腹」だが、フランス人はチーズ用の別腹をもっているようだ。

フランスには一年の日数だけチーズがあるというけれど、小さな村の名もないチーズまで数えたら、その倍くらいはあるにちがいない。パリの立派なチーズ屋だったら、常に一〇〇種類近くはそろっていて、藁や栗の葉の上などに美しく並べられている。

チーズには縁遠かったぼくらは、なにを選んだらいいか大いに迷ってしまう。それに安くはない食品だから、二つ、三つ買ったら、財布が軽くなってしまう。

そこでおすすめしたいのは、きょうはカマンベール、あさってはコンテ、週末にはロックフォールという具合に、一つずつ違ったものを買いながら、チーズの世界を少しずつ広げていくことだ。そうすれば、チーズ屋さんも「こんなチーズはいかが。今が季節なんですよ」などとアドバイスしてくれるにちがいない。自分たちが自慢の食べ物を、よその国の人が熱心に食べてくれるというのは、ずいぶんうれしいことなのです。

牛、山羊、羊の乳に乳酸菌やプレジュール（子牛の胃からとれる酵素）を加えて凝固させたものを、どう加工するかによって、チーズは大きく七種類に分けられるだろう。

フロマージュ・フレ（フレッシュチーズ）は、漉して水分をのぞいただけのチーズで、爽やかな風味が特長だ。香草やニンニクを混ぜたり、生クリームを足して果物の砂糖煮と一緒に食べたりする。

ア・クルット・ナチュレルという自然に皮ができるタイプは、作り方が簡単なので、どの村にもひとつはあるものだ。山羊乳チーズのほとんどが、このタイプだ。

ア・クルット・フルリは、白かびを吹きつけて熟成させたもの。カマンベールが代表選手ですね。

ア・パット・ペルシエは、青かびを植えつけ熟成させたもの。羊乳と牛乳が原料になる。

ア・クルット・ラヴェは、表面を塩水で洗いながら湿気を保ち、そこに発生する菌で熟成させたチーズだ。匂いは一番強く、とっつきにくいチーズだが、味は柔らかく、慣れると病みつきになる。

ア・パット・プレセは軽くプレスしただけのものだから、まだ身に弾力が残っている。一般的に優しい味で、ピレネ、モルビエ、グーダなどチーズ入門者に向いたものが多い。

ア・パット・プレセ・キュイットは、加熱して圧搾したもので、コンテ、グリュイエールなど一番固い種類のチーズだ。おろせばグラタンにも使えるし、日持ちもいいチーズだから、常備したい。

頭をひねりにひねって、これだけは味わってほしいという名チーズを二十ほど選んでみた。

クロタン・ド・シャヴィニヨルは、サンセール名産の小さな山羊乳チーズ。かすかな酸味を持った柔らかなうまさ。天火の上火でさっとあぶってサラダに入れたりする。二か月も熟成されると灰緑のかびにおおわれ、《ウンコ》という名称らしくなる。味も刺すような貫禄で通好みだ。

ヴァランセは、ピラミッドの形をした山羊乳チーズで、ベリー地方などで作られている。ゴマ塩といった感じの表面は木の灰が振りかけてあるからで、そのまま食べる。かすかな灰の味が、山羊乳ならではのハシバミの実を思わせる風味を引き立ててくれる。

サント・モールもロワール川沿いで作られる山羊乳のチーズ。円筒形で麦わらが一本通っている。象牙色の身に薄い皮ができかかっていたら、食べごろ。軽い塩味と酸味が調和して見事だ。

なお、山羊乳チーズは、材料の乳が春から夏にかけてしか得られないので、いずれも夏から秋にかけてがシーズンです。

バノンはプロヴァンス地方のチーズ。乳は山羊だったり、牛だったり、羊だったりするが、小さな横綱級のおいしさだ。栗の葉に包まれていたり、ハーブがまぶされていたりして香り高い。

カマンベールといえば、日本でも一般的になった白かびチーズ。芯まで柔らかな弾力があって、特有の匂いが花開いている食べごろを選びたい。チーズ屋さんに「あすの晩用です」などと頼むのが一番だ。スーパーで買う場合は、遠慮はいらない、箱のフタをとって親指で中央を押してみる。少しくぼみながらもしなやかに指を押し返すものがいい。ノルマンディー産。

ブリは、カマンベールの元祖で中世から賞味されてきた大きな白かびチーズで、今だって五指に入る人気者だ。やはり牛乳が原料で、トロトロと柔らかな風味はブリならでは。

シャウルスのファンも多い。シャンパーニュ地方で作られるクリーミーな風味の白かびチーズだ。熟成が進んで皮にオレンジ色がさし、軽い酸味を帯びると絶品。夏から秋がおいしい。

ロックフォールというのは、アヴェロン県にある村の名前。そこのひんやり湿った天然の岩窟で熟成される羊乳製青かびチーズです。個性を主張しながらもどこまでも優雅な味わいは比類がない。スフレにしたり、ソースに入れたり、料理でも大活躍する。

フルム・ダンベールは、中央山地の青かびチーズ。直径十三センチほどの円筒形で、切り売りしてくれる。舌ざわりはなめらかだが、塩味がきいたしたたかな味。コクのある赤ワインが必要。

ブルー・ド・ジェックスのおいしさの秘密は、ジュラ山地の放牧牛の乳。自然発生の青かびが象牙色の身に混じって広がる。クルミを思わせるような風味が素敵だ。五月から十月がシーズン。

マンステールの匂いは強烈だが、クリーム色のしなやかな身は特有の風味を持っていてファンが多い。皮を塩水で洗いながら二、三か月熟成させた牛乳チーズです。好みでクミンを添える。ノルマンディーには四角い形の**ポン・レヴェック**という親戚がある。

エポワースはブルゴーニュの名産。熟成段階で表面をマール酒で洗うから、オレンジ色の皮、肥沃なフランスの土の匂い。そして身はとろけるようだ。ナポレオンがチーズの王様といって愛したという。冬になると本当においしくなる。

ルブロションも表面を塩水で洗ったチーズだが、軽く圧搾してあるので、しなやかでなめらかな身が特長だ。味も優しくハシバミの実の風味が素晴らしい。マンステールはちょっとという人も、このチーズなら大拍手。サヴォア地方で作られている。

サン・ネクテールが大好きな子どもたちが多い。オーヴェルニュに古くからある牛乳チーズで、軽くプレスしただけの柔らかな味。ちょっとキノコのような匂いがする。秋になるとおいしくなる。

モルビエは、ジュラ山地にある小さな村の名前をとったチーズ。以前は羊飼いとか木こりが自分のお弁当用に準備したものだ。クリーム色の身の中央を濃灰色の線が水平に走っている。歯にまとわりつくような弾力があり、かびのいぶしたような風味が貴重だ。

カンタルといえば、フランスのチーズの先祖の一つ。中央山地の放牧牛の乳が原料で、二度プレスしてから湿気のあるカーヴで熟成される。通は四か月以上たち、茶色いヒビが入ったようなものを愛する。酸味が感じられるたくましい味だ。

コンテは、熱を加えてからプレスされ、数か月熟成される。グリュイエールの一種だが、気泡の穴はほとんどない。口に含んでゆっくりかみしめると、じつに味わい深い。グラタンにも使われる。

ボーフォールもコンテ同様に作られる。サヴォア山地の香り高い牧草をたっぷり食べた牛の乳で作られるだけに、口の中に広がる味わい、その色とりどりの豊かさにびっくりしてしまう。素敵なコンテですらモノクロームになってしまいそうだ。冬がシーズンです。

ヴァシュランもサヴォア地方の名産。クリスマスからお正月にかけて食べるチーズで、山ヤナギの樹皮におさまっている。そのビロードのような皮をナイフではいでから、中身をスプーンですくいながら食べる。トロリと流れるような口当たり、樹脂の香りが独特な牛乳チーズの名品です。

ここまでチーズとつき合ってくると、ブリア・サヴァラン並みに「チーズがない食事なんて片目の美女さ。いくつかのチーズをとって味のちがいを楽しみたい」と大声を張り上げるようになっているはずだ。プラトー・ド・フロマージュ（チーズの盛り合わせ）は、乳や熟成度や形のちがいなどを考慮しながら三種類そろっていれば、家庭だったら大ごちそうです。

春だったら、カンタルとブリひと切れとまだ若いクロタン・ド・シャヴィニョル。夏だったら、山羊乳チーズがおいしいので、サント・モールやヴァランセを主役にしてモルビエとブルー・ド・ジェックスを脇役にすれば素晴らしい。秋だったら、マンステールやエポワス系の匂いが強いものがうまくなるので、どれか一つを選んでロックフォールとサン・ネクテールでトリオを組ませれば、チーズ狂も涙を流す。冬はコンテやボーフォールを中心に、ポン・レヴェックやバノンでまとめたい。

しかし、こんな大饗宴をしなくても、食べごろのカマンベールかルブロションがあったら、それだけで本当に充分です。カリッと焼き上げられたバゲット・パンや味わい深い田舎パンがあって、まろやかな赤ワイン一杯が残っていたら、「贅沢、ここに極まり」という幸福感……

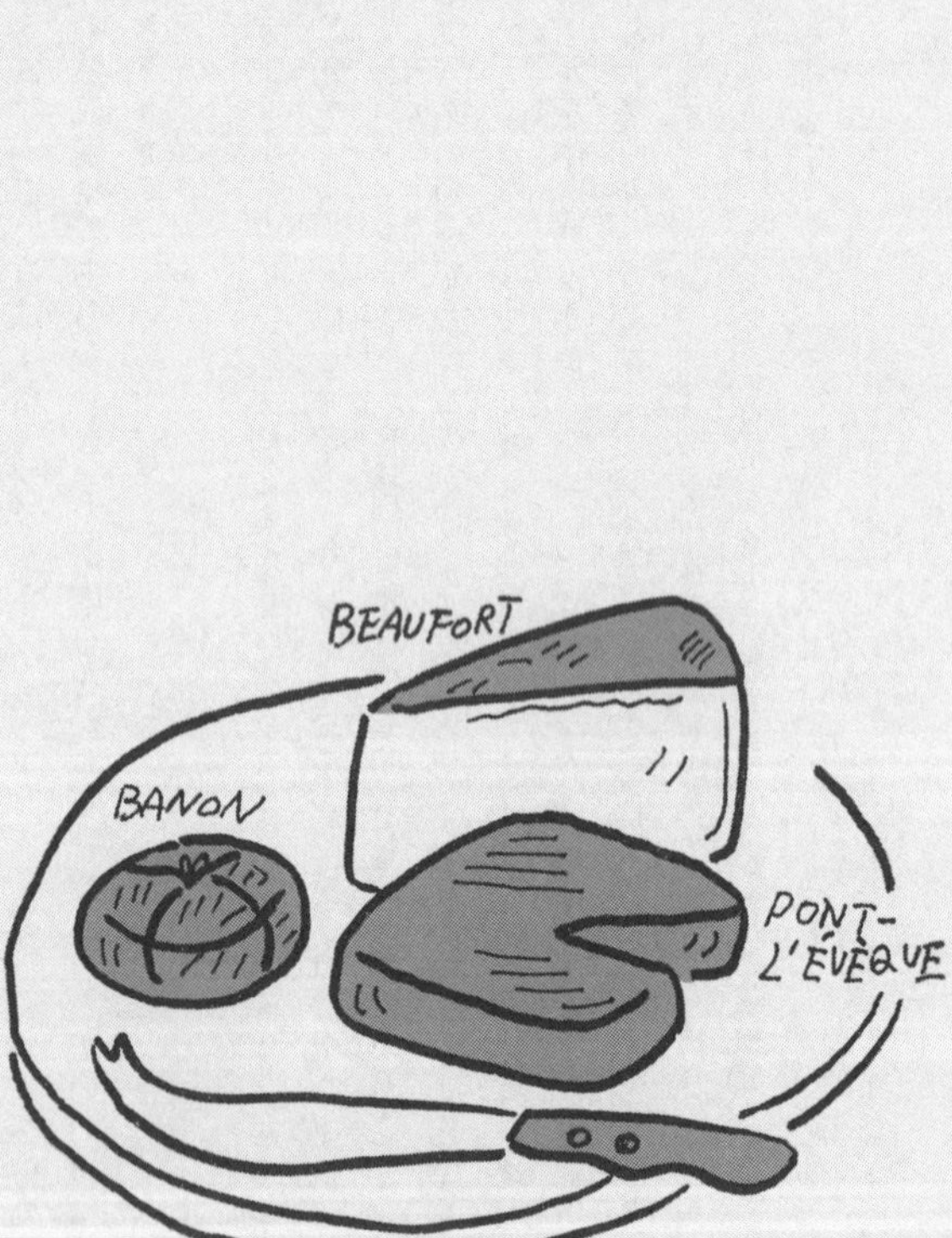
BEAUFORT
BANON
PONT-
L'ÉVÊQUE

冬の食卓

㉓

クリスマス、年越しのごちそうで、
パリ中が走り回っているようなせわしさだ。
フォワ・グラ、生ハム、スモークサーモン、
シャポンと呼ばれる去勢鶏、
カキやイセエビ……
こんな饗宴のあとに、暗く長い冬が続いていく。
しかし、パリの主婦（夫）は、
体が芯から温まるような冬料理をいくつも持っている。
ポトフ、ポテといった肉と野菜のスープ、
レンズ豆と塩漬け豚肉の煮込み、シュークルート。
帆立貝のグラタンをフーフーいいながら食べるのも、
冬の贅沢だ。

冬の寒さも気にならない

ポトフ

こう寒くなってくると、フランス人はこぞってポトフを思い浮かべる。「帝国の礎は、庶民のポトフなり」とミラボー先生も言ったとか。スープもたっぷりとれ、煮え上がった肉もいろんな料理に活用できるから、たくさん作りましょう。たとえば、初日はポトフでも、二日目は極上のスープを使ってラーメン、三日目はカレーライスなどと転がしていけばいい。

牛肉は、長く煮込むので高い肉は必要ない。ゼラチン質が混じっているジット（スネ肉）とか、脂身が適度に混じったマクルーズ（前足のモモ肉）とか、あるいは半分ずつでもいい、一キロは買ってくる。なじみの肉屋なら髄が入ってる骨も一本つけてくれるはずだ。ぼくは、まとめて結わえてもらう。

澄んでおいしいスープがほしいなら、最初から圧力鍋に肉と骨を入れ、それがすっかりかぶるように五リットルほど水を入れる。肉の味を尊重したい人は沸騰させてから肉を入れる。髄が出ないように骨の切り口に塩をこすりつけておいた方がいい。沸騰してきたら丁寧にアクをとるのが、スープを美しく作るコツ。

ここで、ローリエの葉一枚、タイムにパセリ少々、セロリ一本をまとめたブーケ・ガルニ、丁字をひとつ刺した玉ネギ一個、塩大サジ一杯、コショウを加え、フタをして圧力を加える。もちろん、ふつうの大鍋でもいいけれど、時間は二倍かかります。

シュッシュッと蒸気が出はじめたら、弱火で一時間、一度冷ましてフタを開け、ニンジンとネギを三、四本、カブも三、四個、丸のままか大きく切って加える。もう一度フタをしてシュッシュッ、もう三十分ほどで柔らかく煮上がります。

最初はスープを出す。冷えきった体もこの絶妙なスープ一杯で芯からホカホカ。次は、皿の上で湯気を立てている肉や野菜を味わう。おいしさを増してくれるあら塩を添えることになっています。骨の髄は取り合いになってしまうが、パンにのっけて、レモンをちょっとたらすと、うまい！

ガロンヌ川上流ビュゼの赤を選んだ。最近メキメキよくなってきているワインで、ボルドーの一級品に近い風味に加え、陽気なコクがある。

●特製ポトフ

ニコルさんが誕生日にポトフを作るというので見学にいったが、丸ごとのトリと子牛のスネ肉が入り、さすがのぼくもびっくりした。「これくらい入れないとトリがおいしくならないの」とコショウも大サジ一杯。最後に「これも秘密」と赤ワインもグラス一杯そそがれた。タバスコがきいたトマト・ソースで食べたトリや子牛のうまさ！　ぼくらも勇気を出して特製のポトフを考案したい。

●圧力鍋

オトキュイズゥールあるいはココット・ミニュットと呼ばれ、ステンレス製の圧力鍋が普及している。煮炊きの時間が半分以下に短縮されて経済的だし、栄養もこわれにくい。ただ徐々に煮詰めていくワイン煮など、味の点では昔ながらのココットにはかなわない。大きめのを買っておくといろいろと便利。

ポトフが残ったら

アシ・パルマンティエ

ポトフは、少人数だとどうしても残ってしまう。それなら、はじめから倍くらい作ってほかの料理に転用してしまう、というのがフランスでも伝統的なやり方です。翌日になると、表面に脂が固まっている。これをとりのぞけば、スープはますます極上のお澄まし。残った野菜を小さく切ってお椀に入れ、この上から熱々のスープをたっぷり注ぐ。みじん切りのパセリやセルフイユを散らしましょう。ポルトー酒をちょっと加えるのもオツな味だ。揚げたパンを添えたい。もちろんラーメンや雑炊のスープとしても素晴らしい。

肉の方は冷めたものをそのまま薄く切って、

ピックルスをたっぷり添え、サラダと一緒に美しく盛り付ければ、素敵な一皿だ。

熱くして食べたいなら、残り肉を挽いて、マッシュポテトでつつみ、オーブンで焼いたアシ・パルマンティエはどうだろう。アシというのは詰め物用に肉や魚を挽いたり、たたいたりしたものをいう。

残った牛肉を五〇〇グラムくらい、挽くなり、包丁で細かくたたいておく。厚鍋に多めのバター、みじん切りの玉ネギ三個ほどを色がつくまで炒め、小麦粉大サジ一杯をまぶす。さらにキツネ色になるまで炒めたら肉の煮汁を一カップ加える。トマト味がほしいならピューレも少々入れる。弱火にして十五分ほどグツグツさせたら、火から下ろし、肉を混ぜ入れる。

これを、バターを塗った天火皿に敷き、その上にマッシュポテト（手製のものが一番だが、インスタントで充分）をたっぷりとかぶせる。色と香りをよくするため、表面に細かいパン粉を振り、溶かしバターをかけまわす。粉チーズを振ったらさらにいい。熱くなっているオーブンに入れ、強火で十五分ほど、黄金色に焼き上げる。

「アシ・パルマンティエ！」と小躍《こおど》りするリリ。マスタードをきかしながら食べると、ポテトと肉のうまみが一体となり、フランス家庭料理の横綱格といっても大げさではない。子羊のローストの残りを使うのもおいしい。残り肉がなかったら、挽き肉を買ってきて作ればいいのだが、味はかないません。だから、ポトフは多めに作りましょう。

●ミロトン・ド・ブッフ

この一品もポトフの残り肉料理です。肉が五〇〇グラムも残っている。さっそく大きな玉ネギ三個をみじんに切り、バターやラードでゆっくりと炒めていく。きれいな色がついたら、小麦粉を大サジ一杯ほど振りかけて、コップ半杯のスープも加える。さらに濃縮トマトを適量、塩、コショウ、ビネガーも少量足して、弱火でしばらく煮込んでから、薄切りにした肉を加えて温め直すだけの料理だ。タバスコをちょっとたらしてもいい。カレー風味もうまい。つけ合わせはバターライスです。

●韓国風雑炊

鍋に必要なだけポトフのスープをとって熱くし、余っているご飯を加えて十分ほど煮ましょう。最後に、残っている肉や野菜のかけらも入れ、モヤシも加え、グツグツといったら、ゴマ油と醤油をたらす。せん切りのネギをたっぷり散らし、キムチものっけたら文句なし。

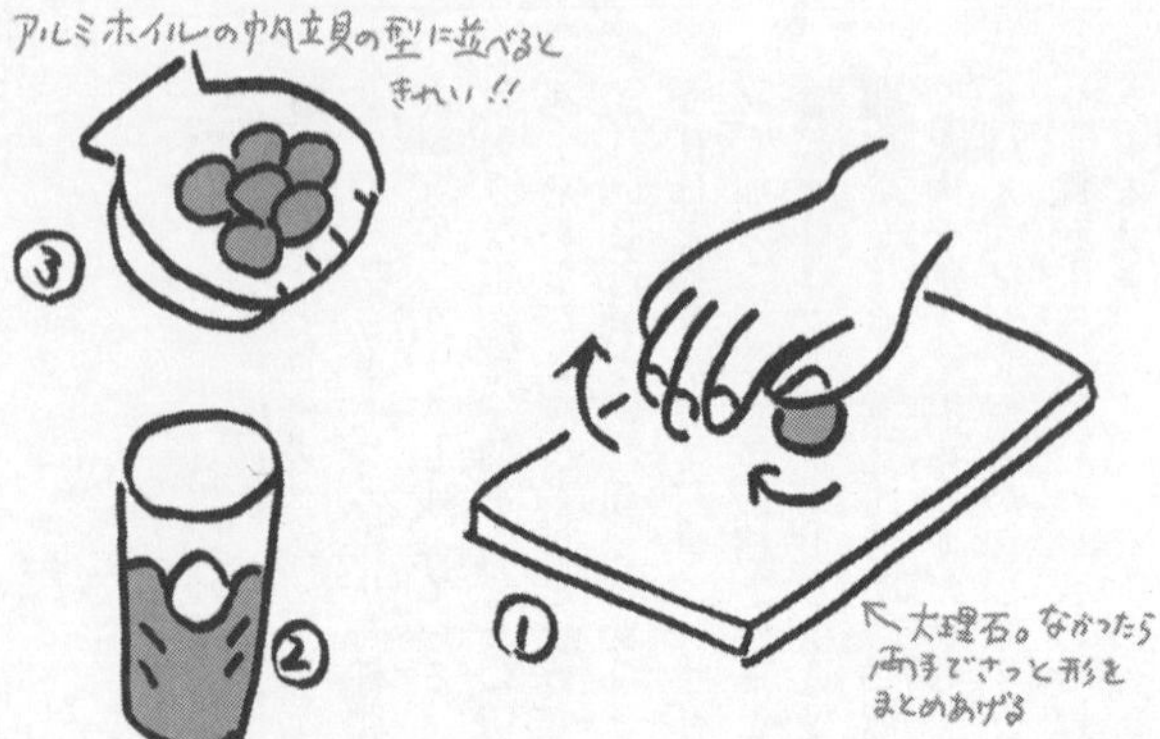
アルミホイルの帆立貝の型に並べるときれい!!
③
②
①
↖大理石。なかったら両手でさっと形をまとめあげる

ノエルが華やかになる

トリュフ・オ・ショコラ

アルザスに住んでいるルクールさんの家で、何度か素敵なクリスマス休暇を過ごさせてもらった。食事が終わり、みんなでコーヒーを飲んでいると、マダム・ルクールが冷蔵庫から出してすすめてくれるのが、トリュフ茸の形をしたこのチョコレート菓子。「最初のはまずかったから、もうひとつ」などと冗談を言い合いながらつまんでいると、すっかりノエルの気分。ムッシュー・ルクールは、棚からとって置きのミラベルの蒸溜酒を出してくれた。

このチョコレートのトリュフ、子どもの雑誌にも作り方が出ているほどで、いたって簡単だ。ただカカオバターの分量が多い板チョコほど味

がよくなる。お菓子用で五十%以上と表記されているものがほしい。

板チョコ二五〇グラムに牛乳大サジ一杯を加えて湯せんにかけ、全体が溶けてなめらかになるまで木のヘラでかき混ぜていく。ここで、室温で柔らかくしておいたバター と生クリームをそれぞれ大サジ二杯、少しずつ混ぜ入れます。生クリームは液体状のものではなく、エペースと記されたクリーム状のものです。

火から下ろしツヤが出るようによく練ったら、玉子の黄身二個とシュクル・グラスという粉砂糖大サジ三杯を加えてもう一度よく混ぜ合わせる。粉砂糖を入れるのは甘味だけではなく、なめらかになるし、水分を吸うつなぎとしても役立つからだ。

冷蔵庫に入れて二十四時間の辛抱。

冷蔵庫から出し、小サジですくっては手のひらでクルミ大の玉を作っていくのだが、すぐ手の熱でベトベトになるので手早くやります。プロは冷たい大理石の板の上で転がして作る。コップにヴァン・ホーテンのココアの粉を入れておき、一つ作るたびにその中へ落として、まんべんなくまぶせば、出来上がり。市販されているものよりはずっとおいしい。この分量で二ダースくらいは出来ます。アルミホイルの上に並べて冷蔵庫で保存。玉子が入っているので残念ながら三、四日しか持ちません。食べる十分前に冷蔵庫から出しておくと、柔らかな風味になってずっとおいしい。

ぼくは大人用に、コニャックを垂らしたものも作っておく。

●ダット・フレというお菓子

クリスマスが近づくと、アンテナさんはマレ地区にあるお菓子の材料屋さんに出かけ、淡い赤や緑のパット・ダマンド（アーモンドのあんこ）、ダット（ナツメヤシ）、クルミを買ってくる。

アーモンドのあんこを小さく紡錘形に丸め、半分に割って種子をとったナツメヤシに詰めたり、クルミではさんだりすれば、華やかでおいしいつまみ菓子。帆立貝の形をしたアルミホイル器に並べ友人や近所の人にプレゼントすると、とても喜ばれる。

●ドラジェ

なめらかで固い砂糖に包まれたアーモンドのことで、色は白か薄いパステルカラー。ギリシア・ローマ時代までさかのぼることができる古いお菓子で、これもつまんで楽しむ。フランスでは、赤ちゃんの洗礼式、初めての聖体拝受、結婚式のお祝いとして配られます。

北欧の匂い

サケのアネット風味

アネットは日本では「いのんど」というらしいが、ウイキョウに似たセリ科の香草。檀一雄もこの若草の香りが大好きだったようで、彼の傑作『美味放浪記』のロシアや北欧編には、大鯉のスープやスメルガスボードなどと一緒にウクローブあるいはディルという名前で度々登場している。この草の独特な清涼感はトロリとしたサケの味とぴったりで、シャンゼリゼ大通りにあるメゾン・デュ・ダヌマルク（デンマーク館）で売っているサケのマリネ、アネット風味は抜群だ。

サケのおろし身に軽く塩をし、ザルで半日ほど置いたら出来るだけ薄くそぎ切りにして、大きな皿に並べます。コショウを挽きかけ、レモンを絞りかけ、オリーブ油でおおい、きざんだアネットをたっぷり散らす。手のひらで軽くたたいて味がなじむようにします。翌日くらいがおいしい。

温かいアネット風味もいい。お金があったら、脂がよくのった大きなスコットランド産のサケの切り身を買いたいところだが、ノルウェーの養殖ものなら安上がり。中骨と皮を除いたら、コロコロと切る。軽く塩、コショウし、小麦粉をまぶし、フライパンでバター炒め。強火。軽く焼き色がついたら脇にとる。フライパンに白ワインを一カップ加えて、ヘラでうま味を溶け込ませ大サジ二杯くらいになるまで急速に煮詰める。これが何ともいえない甘味を作ってくれるのだ。

このソースも脇にとり、フライパンを洗ってから火にかけなおす。バターをたっぷり加え一人当たりひとつかみという加減でせん切りにした長ネギを加える。塩、コショウ。しんなりしたら、ネギを片側に寄せサケを戻し、先ほどのソースと一人当たり大サジ二杯ほどの生クリームをかける。グツグツいったらきざんだアネットをたっぷり散らします。

熱々のアルザス風パスタの上に、まずネギ、そしてサケと順番に巣籠りのように盛りつければ、クリスマスにも映えるごちそうだ。

アルザス、ブルゴーニュ、ロワール地方で作られるクレマンと呼ばれる泡立ちが少なめのシャンペンを試したい。あまり高くないし、地方それぞれのぶどうの微妙な風味が楽しめる。愉快な酔い心地！

●マヨネーズ

魚の冷製に欠かせないマヨネーズだけれど、失敗をこわがる人が多い。ちょっと注意すれば、ミキサーもいらず、誰にでもできるものです。

マヨネーズに使う玉子は、一時間前に冷蔵庫から出し油と同じ室温にしておくことが、成功への大切な鍵だ。玉子の黄身だけをボールにとり、塩とコショウをひとつまみ入れ軽く混ぜ合わせる。オリーブ油でもヒマワリ油でもいいから、自分の好きな油を一滴一滴落としては、フォークで混ぜ合わせていくのだが、油と玉子が「コンニチハ」と言いながらゆっくり溶け合っていく様子でも想像しながら、一定の早さで一定の方向にフォークを回していくことが第二の鍵。あせってガチャガチャ勢いよくではダメ。しばらくすると全体が固まってくるので、それからは糸を引くような感じに油をどんどん加えていくというのが第三の鍵。黄身ひとつに油一カップが目安です。最後にビネガーかレモン汁で酸味をつけ、塩味をととのえる。見事なマヨネーズができてしまったでしょう。

市販のものには望めないビロードのように柔らかい風味。魚の味が際立ちます。

イクラ、スモークサーモン、そして

ブリニス（ロシア風クレープ）

お父さんが十月革命を逃れてきたロシア人だったナタリーさんに招待されると、出てくるのは、きまって手製のウォッカにブリニスというパンケーキ。これにイクラやスモークサーモンをのせて、サワークリームをかけて食べる楽しさ、おいしさ。フランス人の家庭でもクリスマスやお正月に登場する。ただ市販されているものは、高い上にイースト臭いから、今度のお正月は、ナタリーさん流に作ってみましょう。

パン屋さんで、パンを作る時に使ったルヴュール・ド・ブランジェ（生イースト）を買ってくる。

ふるいにかけた小麦粉三五〇グラムをボール

にとる。これで四人前。大きさ次第だが十枚以上焼ける。真ん中をくぼませ、玉子三個分の黄身をほぐして加える。白身はあとで泡立てて入れるので捨てません。

牛乳三〇〇ccを人肌まで温める。そのうちの五十ccで生イースト二十グラムをよく溶かし、砂糖、塩を小サジ一杯加える。細かい泡が立つようになるまで十分ほどおいてから、小麦粉に加え、丁寧に混ぜ合わせます。残りの牛乳も少しずつ加えれば、なめらかでドロリとした種になる。最後に溶かしバターを大サジ二杯混ぜ入れる。ボール全体を布巾でくるみ、室温の状態で二時間寝かせましょう。

さあ焼くぞという時になったら、ふっくらとふくらんだ種に、さっきとっておいた玉子の白身を、しっかり泡立てて加える。

本来は専用の小さなフライパンで焼くんだけれど、なかったらクレープ用の鉄板やふつうのフライパンで大きく焼いて、四つに切ればいい。熱くした鉄板に油を敷き、その上にお玉で種を落として一面に広げるのだが、ふっくらさせたいので、あまり薄く伸ばさない方がいい。そう、七、八ミリの厚さだろう。両面をきれいに焼き上げる。できたものからバターを塗り、アルミホイルにくるんで弱火の天火に入れて、冷めないようにしておけば、まとめて食卓へ出せる。

別にキャビアやイクラ、スモークサーモンをのせなくても、燻製の魚たちだったら、サバでもニシンでもブラボーのうまさ！　レモン、生クリーム、ロシアの匂いがする香草アネットも添えます。

●ナタリーさんの密造ウォッカ

ナタリーさんは、黒と白の対比が鮮やかな素晴らしい版画を彫る人だが、彼女の展覧会のオープニングを華やかにするのが手製のウォッカ。「ロシアではみんなが作るのよ。ただ薬屋さんからアルコールをわけてもらうのが大変」というので同伴させてもらった。

ほかにも密造酒を作ったりする人が多いのだろうか、薬屋でも小瓶しか売ってくれないし、匂いがつけてあったりする。三番目のお店は気さくなお兄さんが店番で、九十度の一リットル瓶を二本もわけてくれた。ついでに蒸溜水も二本もとめる。最後にお兄さんがニッコリ笑ってくれたが、彼もロシア人の末裔なのかも知れない。メルシ。

アルコールを蒸溜水で薄めた中に、ライムやオレンジや香草やスパイスを入れて六週間ほどの辛抱。当日は、彼女のおじさんもお姉さんも、それぞれお得意の匂いをつけたウォッカ持参。焼酎に似た明るい酔い方で、話や恋がすすみます。

冬の野菜の代表選手

アンディーヴのグラタン

アンディーヴは、チコリ系の柔らかい苦味がうれしい野菜だ。しっかりしまってツヤがあり、ふくらんだ感じでシミのないものを選びたい。根もとの固くて苦い部分を切りとってから、好みの形に切ってサラダが一番だ。マーシュ菜とミックスしたり、オレンジ、リンゴ、クルミを加えるのもうまい。コンテやロックフォールなどのチーズもさいの目に切って加えれば、一食になってしまう。ぼくはビネグレットソースにマスタードをきかして味を引きしめる。また、炒めてオイスターソースをからめれば、素敵な酒のサカナ。

ベシャメル・ソースをかけて天火で焼いたも

のは、パリのレストランでも出てくる人気料理です。

アンディーヴを一キロ、汚れた葉をのぞいて丸洗いする。底の広い鍋にバターをたっぷりとり、強火。なるべく重ならないようにアンディーヴを並べ、水一カップ、レモンのしぼり汁か酢を少々、塩ひとつまみ。フタをし、沸騰したら中火で十五分くらい煮る。水気を切り、ハムで包んで、天火皿に並べます。

ベシャメル・ソースは、まず牛乳半リットル（六人前）を鍋にとり、弱火で沸騰直前まで熱くする。ローリエの葉やパセリを入れて香りをつけるのもいい。フライパンを弱火にかけ、バター大サジ三杯を入れて溶けたら同量の小麦粉を加え、手早くかき混ぜる。一分たったら一時火から下ろし、先ほどの牛乳を少量加え、なめらかになるまで木のヘラでよくねる。ここで、また火に戻し（さらに弱火）、丁寧に休みなく混ぜながら、残りの牛乳を少しずつ加えていく。牛乳が熱いのが秘訣で、バターがすみやかに溶けるからダマが出来ないのです。塩、コショウをし、もう五分は煮たい。ここで、おろしたグリュイエールチーズを一〇〇グラム混ぜ込む。溶けてペースト状になれば、ホウレン草のグラタンにも使ったソース・モルネーですね。

これをアンディーヴの上からかけ、おろしたナツメグ少々とパン粉を振り、バターをポンポンと置いて、強火の天火へ。焼け色がついたら完成だ。

アンディーヴの苦味にベシャメルが絶妙！　天火がないなら、アンディーヴをもう少し柔らかく煮てからハムで巻き、ベシャメルをかけただけでもおいしい。

●ネギのビネグレットソース和え

冬になってめきめき太くなるネギ。薬味や鍋にはあまり向かないけれど、フランス料理にこの大柄なネギが甘くてうまい。十五センチの長さに切りそろえて、丁寧に水洗い。これを十五分ほど塩ゆでにしてから、しっかり水気を切り、ビネグレットソースをかける。しばらくたって味がなじんだら食卓へ。定食屋でもおなじみの前菜だ。ぼくの友人は、ネギを鳥の巣のように巻き上げてイクラをのせ、鮮やかなごちそうに変身させてしまう。

ゆでて水気を切ったネギをバター炒めし、塩、コショウ。天火皿に並べ、粉チーズをたっぷりかけてグラタンにするのもとてもおいしい。

大鍋に肉と野菜を放り込んで

ポテ

オーヴェルニュ山地の冬は厳しい。ストーブの上にいつもかかっている大鍋に水を張り、豚肉の塊、キャベツやニンジンも放り込んでから、野良へ出かけていく。凍てついた体を引きずって帰ってくると、ああ、うれし、大鍋がおいしい湯気を立てている。ポテを食べていると、なぜか、パニョルの映画のフェルナンデルになったような気分になってしまう。少しずつ変化しながらも各地で作られているポテは、フランス料理の原点です。

ドミ・セルという塩漬けの豚肉は、安いだけでなく味わい深いし煮上がりも柔らかく、ポテにうってつけだ。脂身の多いジャンボノー（スネ肉）を一つ買ってくる。さて塩出しだが、最近は薄塩が多いので、冷水に漬けて時々水をかえながら二、三時間くらいですむようになった。

できるだけ大きく深い鍋に、塊のままのスネ肉、皮をむいたニンジン六本、カブ四個を入れる。緑色のキャベツは、フランス人は下煮をして匂いを消すが、ぼくはそのままを二つに割って入れるだけだ。たっぷりと水を張って火にかけ、多めにコショウを挽き入れた方がおいしくなります。塩は、肉から塩気が出るので必要ない。ブーケ・ガルニも入ったら文句なし。沸騰したら弱火にして、少なくとも二時間は煮たい。圧力鍋を使えば時間は半減します。

あとは、出来上がりまで一時間というところで、皮をむいたジャガイモをいくつか、丸ごと加えるだけ。時間だけはかかるが、あっけないくらいに簡単な完全食です。

好みでおろしチーズを入れたり、クルトンを浮かべたりしながら、まず熱々のスープを味わいたい。肉や野菜は大皿に盛り上げ、食卓で切り分けるのがいい。

あっさり味にしたいなら、スネ肉のかわりに、パレットと呼ばれる肩肉にします。塩出しをする時間がなかったら、トゥールーズ風ソーセージを買ってきて、同様に調理し、野菜が煮上がれば出来上がり。

ワインはアルデッシュ地方のコット・ド・ヴィヴァレの赤はどうだろう。気軽に飲める値段だが、地酒ならではの風格を備えていておろそかにできない。

●ムタルド（マスタード）

カラシ菜の種子を挽いてから、ビネガー、白ワイン、シードルなどを加えて練ったものが、フランスのムタルド。その挽き加減によって二つに分けられる。

ムタルド・ド・ディジョンは、文字通りディジョンが主な生産地で、きめ細かく挽いてからビネガーなどを加えた均質な練り辛子。かなりの辛さだ。マヨネーズに加えたり、ポトフやポテやステーキに添えたり、ウサギやトリ料理の香りづけに使ったりと用途が広い。

ムタルド・ド・モーは、もちろんモーのものが有名で、挽き方があらくてカラシ菜の種子の粒々が見える昔風の辛子。辛さはほどほどで、独特の風味があるのでファンが多い。ビネグレットソースに加えたり、生クリームに入れてソースにしたり、肉料理に添えたりしたい。なお、和辛子の味にこだわる人は、英国産のマスタード（粉状の辛子）がいい。水を加えて練ればそっくりです。

ブリュッセルの名物料理

ムール貝の白ワイン煮

この貝は、「庶民のカキ」といわれるだけに、値段も手ごろだから、大いに利用したい。代表的な料理がこの白ワイン煮で、フライドポテトを添えたら、ベルギー人の大好物だ。《シェ・レオン》というブリュッセルのレストランが、パリにもいくつか支店を出したので、簡単に味わえるようになった。ただブリュッセルだと、確か六月から七月にかけてこの白ワイン煮がメニューから消えるが、パリの店では平気なのはなぜでしょう。

生で食べたり天火で焼いたりなら、大柄なスペイン産だが、この料理には、ジロンド川北部からノルマンディーにかけて養殖されているムール・ド・ブショ。小柄だが身がしまっていてうまい。

四人分で二キロは食べられる。くわえ込んでいる木の皮をとりのぞき、貝と貝をこすり合わせながら流水できれいに洗い、水を切っておく。

大きな鍋に、玉ネギ二個（エシャロットだったら最適）、ニンニク二片、パセリ大サジ一杯分、全部みじん切りにして入れ、挽き立ての黒コショウも多めに加え、辛口の白ワインを一カップ半ほどそそぐ。五分くらい沸騰させて味を出してから、ムール貝を入れ、フタをして煮る。ワインがふき上がるくらいに終始強火が大切です。均等に火が通るよう、一、二度、上下をかき混ぜる。七割くらいの殻が開いたら火から下ろします。煮すぎると固くなってしまう。貝だけを深めの皿にとり出し、煮汁を強火で少し煮詰める。バターを大量に加えたら貝の上からかけ、新たにパセリを散らし食卓へ。貝の殻でつまみながらどんどん食べていく。

この一品にはバリエーションがいろいろある。バターのかわりに、薄めのベシャメルあるいは生クリームをたっぷり加えたり、これにカレー粉を少量入れるのもなかなか美味。《シェ・レオン》のものには、みじん切りのセロリがたくさん入っている。ディエップ出身の友人は、ワインなしでレモンか酢を入れ、バターが入らない。これはあっさり味でいくらでも食べられる。中国人もムール貝のファンで、ショウガをきかしたオイスターソース風味にする。

これは、ベルギーのビール《レフ》ですね。

●カキ

輸送機関が発達して夏でも食べられるようになったカキだけれど、やはり冬が旬。

ノルマンディー産は身が厚めでまろやかな味。ブルターニュ産は潮の香りが強い。カンカルやブロンで養殖されている平たいものはかすかな渋みが独特だ。ぼくはオレロン島が主な産地のフィーヌ・ド・クレールの繊細な味が好きだ。

レストランでは、エシャロット入りのビネグレットソースもついてくるが、レモンをたらしてそのまますすり込むのが一番。パン・ド・セーグル（ライ麦パン）とバターも添える。

●カキを開ける

布巾などでしっかりとカキをつかむのだが、くぼんだ方を下に、貝のちょうつがいを手前におく。専用のナイフを貝の合わせ目にこじ入れ、静かにすべらしながら柱を切ります。タイヤのチューブを適当な長さに切って、親指が通る穴を開けた特製手袋は、カキがすべらないし手は保護されるし、ぜひ工作して備えたい。

温かい前菜の人気者

キッシュ・ロレーヌ

ロレーヌ地方、ナンシーの名物で、玉子やベーコンがたっぷり入ったパイがキッシュだ。アントレによし、サラダを添えれば軽い食事にもなるので、今やフランス家庭料理のベーシックになってしまった。自分で作ったキッシュの熱々のうまさを一度味わうと、カフェで出される温め直しが食べられなくなる。

まずパイ生地の準備。ボールに小麦粉を二五〇グラムとり、塩小サジ半杯、小さく切り分けて柔らかくなったバターを小麦粉の半量加え、指先で混ぜ合わせていく。そぼろ状になったら、中央をくぼませ、コップ半杯弱の水を加えて大きな団子にまとめあげ、冷蔵庫で数時間寝かせます。面倒だったら市販されている冷凍の生地（パット・ブリゼ）でもかまわない。パイ皮を四ミリの厚さに伸ばし、バターを薄く塗った直径二十五センチの型におさめる。ぼくは、果物のパイ用のもう少し大きい型を使って薄く焼き上げる。フォークの先で底をまんべんなくつっついておく。

ポワトリーヌ・フュメと呼ばれるベーコンは、しっかり燻製されて脂身の少ないものがこの料理にはうまいと思う。これを二〇〇グラム、さいの目に切る。少しいぶしてあるハムを使ってもおいしい。湯がいたりしてから使う人もいるが、ぼくは燻製の風味を大切にして、そのままパイ皮の上に均等に並べるだけ。

玉子五個を丁寧にほぐし、生クリーム一カップと牛乳を半カップ加え、泡立て器で元気よく混ぜ合わせていく。これをミゲーヌと呼ぶのだが、グリュイエールやコンテ・チーズも一〇〇グラムほどおろして加えれば、味はさらによくなる。ベーコンに塩気があるので控えめに塩をしてコショウ。わが家ではナツメグも多めに挽き入れる。これを、ベーコンが並んだパイ皮の上に静かに流し込み、熱くしておいた天火に入れることにしよう。二〇〇度くらいの中火で三十分。

食卓で切り分け、やけどしそうなほど熱いのを食べたい。慣れてきたらムール貝やらサケを入れたり、変わりキッシュにも挑戦。

ワインはロレーヌ地方のコット・ド・トゥールを見つけたい。ロゼよりもさらに色が薄いグリは、軽い飲み口だが、香り豊か。かすかな酸味も爽やかだ。

●ムール貝のキッシュ

ムール貝を煮たものが余っていたら、作りたい。新しく買ってくるなら一リットルもあればいい。殻から出したムール貝をキッシュの皮の底に並べる。その上に加えるミゲーヌは、ロレーヌ風と分量は同じだが、牛乳を減らしてその分ムール貝の煮汁を入れましょう。ムール貝が少なかったら、ムキエビやハムを足せばいいだろう。

●回転式チーズおろし器

この道具は本当によくできている。コロコロとチーズを切って中にいれ、レバーを押さえつけながらハンドルを回すと、おもしろいようにチーズがおろせる。子どもたちにも楽しい台所仕事です。その上分解できるので、洗うのもあっという間だ。ステンレス製です。

スキーでおなかがすいたら

ラクレット

一昨年、サヴォア地方のスキー場に行った時に食べた、チーズ・フォンデュ料理の一種《ラクレット》は忘れられない味だ。熱くなって溶けたチーズを木のヘラでかきとり、ゆでジャガにかけて食べていく。木のヘラで「かきとる」ことを「ラクレ」というのが名前の由来です。スキー場のチーズ屋で六人分と頼んだら「これでも足りないくらいですヨ」と、直径三十センチ、厚さ八センチはあるラクレット用のチーズを丸半分も渡されたのでびっくり。スキー客の注文が多いからだろう、チーズを熱くして溶かす仕掛けは無料で借りることができるようになっていた。

今度のクリスマスに、少人数の家庭でも便利なラクレットのセットをプレゼントされたので、早速冬の山の味を再現してみました。

ラクレット用のチーズは、一人分として一五〇グラムはほしい。これを厚さ五ミリ、名刺大の形に切り分ける。皮はとてもおいしいので、とりのぞかない！

熱いチーズをかけるものは、皮ごとゆでた新ジャガだけでもいいのだが、きょうは新年のごちそうということで豪華版にした。ジャンボン・ド・パリというふつうのハムの他に、薄く切った生ハムやサラミを大皿にきれいに並べる。グリゾンと呼ばれるスイス名産の牛の乾燥肉が見つかったら贅沢が尽きる。味のアクセントになるコルニションや小玉ネギのピクルス、箸（フォーク）休めのギリシア風マッシュルームやトマト、レタスのサラダなども忘れずに食卓に出しましょう。

ホクホクのジャガイモとトロリと熱いチーズの組み合わせは、もう夢心地のおいしさで、山のようにあったチーズもどんどん減っていく。日本の鍋料理のように、食卓で作りながら味わうタイプの料理がほとんどないフランスだけに、ラクレットは子どもたちだけでなく大人にも、とっても楽しいごちそうなのです。

ラクレットと同じタイプのチーズ、モルビエとかオレンジ色が美しいミモレットなども試したい。

ワインはコット・デュ・ジュラの白。サヴァニャン種のぶどうも加えられ、ごく辛口のシェリー酒のような奥の深い味わいが広がる。

●ラクレット用セット

新発売の台所道具の中でもよく売れている。このセットだと、各自チーズを熱くして溶かすためのお皿を確保でき、マイペースで食べていくことができるし、上のグリルでハムやエビを焼くことも可能。

●フォンデュ・ブルギニヨン

これも食卓を囲んで作りながら食べる楽しい料理だが、肉食人種フランス人の面目躍如。

テーブルの真ん中のコンロには小さく深い鍋、その中では油がたぎっている。うず高くつまれたサーロインやラムステーキの角切りを専用のフォークで突き刺し、油の中に入れて火を通し、さまざまなソースをつけて食べていくのだ。

ぼくも数回ごちそうしてもらったが、最初の四、五切れまではうまいと思っても、すぐに単調な味に飽きてしまう。ところがぼくらの友人のスピードは一向に衰えず、とにかく肉の皿が底を見せるまで殺気に満ちた勝負をくりひろげるから、かなわない。

こんな風に楊枝を
刺して魚とピーマンを
とめる

たまにはヌーベル・キュイジーヌ風
タチウオ（太刀魚）料理

タチウオは、フランス人にも刀のイメージでサーブル。店頭にキラキラ輝く長身が見えなくとも、あらかじめ三枚におろされていることも多い。テンプラやフライが最高だが、きょうの客は料理にうるさいギタリスト、ジャン・フランソワ。そこで、ふつうの家庭料理が大好きなぼくにしては珍しく、タチウオをピーマンと一緒に巻いて焼くという、エヘン、ヌーベル・キュイジーヌ風だ。

まず魚に塗る香油の準備。といっても、たっぷりのオリーブ油に、ショウガとニンニクをおろしたもの、カレー粉、ナツメグ少々などの香辛料を混ぜ入れてしばらく置いておくだけのことだ。次に赤ピーマンだが、大きなものだったら四人分として一個、薄皮をとりのぞきたいので、まず表面をまんべんなく焦がす。これは夏に作ったサラダと同じ要領。新聞紙にくるんで十分ほど置くと、面白いように皮がむけます。これを縦に八つくらいに切り分ける。

タチウオの細長いおろし身は一枚で二人分になるだろう。両面にさっきの香油をハケで塗り、塩、コショウ。みじんに切ったパセリを振りかけたら、しんなりしたピーマンをのせ、できるだけキッチリと魚ごと巻き込んでいく。焼いている間にトグロがほどけないように、図のごとく四本楊枝を刺す。これを小さめのトマト何個かと一緒に天火皿に並べ、熱くしておいた天火（中火）に入れます。時々香油を塗りながら、表面に焼き色がついたらオッケー。

魚とトマトを冷めないようにしておき、ソースを作ります。使った天火皿に、魚のアラから作ったダシをコップ一杯ほど加えて、焼いている間に出たうま味を溶け込ませます。これを漉して、生クリームをたっぷり加えて煮詰めるだけだ。大皿に魚、トマト、レモンを盛りつけ、ソースを添えます。つけ合わせはご飯かゆでジャガ。淡泊な魚の味に香油のアクセント、そしてピーマンの甘みが素晴らしい、一級のもてなし料理です。マイッタカ、ジャン・フランソワ。

ワインはブルゴーニュ地方のマコンの白はどうだろう。柔らかな辛口で、長い余韻の中にハチミツのような香り……

●魚のおろし身

魚屋で売っているおろし身は、時間がない人やひとり者にはありがたい素材だ。主にタラ科の魚のものだが、タチウオやベニマス、たまにはタイも見かける。信頼のおける魚屋で、ハリとツヤがある活きがいいものを選びたい。

キャビオー（マダラ）は身がくずれにくいので、天火で焼いたり、ソテーしたり調理が楽だし、味もすぐれているが、やはり高い。リューもタラ科の魚でなかなかの味だが、匂いが強いのでスパイスをきかすといい。メルランはくずれやすいので、スープに入れたり包み焼きがおすすめ。

●チーズソース

たとえば、キャビオーのおろし身に白ワインを一カップほど振りかけて、蒸したり、煮たり、焼いたりし、火が通ったら魚をとり出す。残った煮汁を少々煮詰め、ミモレットチーズをおろしたものを一〇〇グラム入れ、生クリームもたっぷり加える。チーズがすっかり溶けたところでパセリを散らせば、明るいオレンジ色の美しいソース。白身の魚に合う。

パリのビストロらしい一品

ソーセージとレンズ豆の煮込み

新オペラ座の余波で、すっかりつまらなくなったバスチーユの裏通り。でも時々出かけていくのは、ラップ通りに、ハムやソーセージ、カンタル・チーズなどオーヴェルニュ地方のうまいものを売る店があるからだ。そこのおばさんから教わった、ソーセージとレンズ豆の煮込み料理を作ってみよう。

　ランティーユというレンズ豆は、色や大きさもさまざまに、ブロンド、ブリュンヌ、ヴェルトなどがあるが、おばさんは「この料理には、火山灰地、オーヴェルニュのヴェルトしかない」とはっきりしている。小粒で、濃い緑、丸っぽい。一人一〇〇グラムという見当。

「水で戻したりする必要はまったくないのよ」

ソーセージはトゥールーズ風の太めがいい。この店には、挽いたのではなく包丁でたたいただけの豚肉が詰まったソシス・オ・クトーという傑作がある。

厚鍋で、コロコロと切ったベーコン、みじん切りにした玉ネギ一個、小さく切ったニンジン一本をしばらく炒め、さっと洗ったレンズ豆を入れる。ご飯を炊く時の水加減よりは多めに水を張る。塩は、ベーコンや腸詰めの塩気を考えてごく控えめ。コショウを振り、ローリエの葉、タイムの枝をのせてフタをし、中火。

沸騰してきたら、人数分に切り分けたソーセージを加え、三十分ほどで煮え上がるという簡単料理です。ハーブの香り、ベーコンやソーセージのうまみをたっぷり含んだレンズ豆のおいしさ。辛いマスタードで食べたいなあ。

レンズ豆と塩漬けの豚肉を煮たものは、パリ一流のビストロにも欠かせない一品だが、オーヴェルニュ出身の一家が経営しているような何気ないカフェや定食屋で味わいたい。気取ってはいけない料理です。

煮えたレンズ豆が残ってしまうのは、とてもうれしいことだ。翌日冷えたものに、きざんだ玉ネギを加えビネグレットで和え、パセリを散らせば、素敵なレンズ豆のサラダ。

こんな一品にはワインも気取らず、南の太陽をたっぷり浴びたぶどうから作られるコルビエールの赤。昔は安酒としかみられていなかったが、どんどん改良され、濃い赤、見事なコクの名酒に生まれ変わった。

●レンズ豆のポタージュ

ソーセージと煮たレンズ豆が残ったら、ポタージュにすると体が温まる。レンズ豆と同量のスープか水を加えて沸騰させ、全体をミキサーにかける。ニンジンや肉のかけらが残っていたら、かえっておいしい。レンズ豆の皮が歯に当たらないように、面倒でも裏ごしにかけたい。なめらかになったら、好みで生クリームを加えてもいい。ぼくは、かすかにクミンの香りを足して味を引きしめる。

●ロゼット

オーヴェルニュの店に出かけたら、ロゼットというソシソン（薄く切ってそのまま食べられるソーセージ）を忘れてはいけない。もともとはボージョレの名産だが、直径六センチ、長さが三十センチもある大きな腸詰めだ。冬場はよく乾いていて味が深くなる。塩味もほどほどで、いくらでも食べられそう。

臓物料理のごちそう

牛の腎臓、ポルトー酒風味

フランス人は、臓物の中でもレバーと並んでロニョンと呼ばれる腎臓を大切にし、さまざまな料理を工夫してきた。特に子牛の腎臓は、その繊細な味がもてはやされ、高級レストランにも登場するが、値段だって、極上の肉の二倍はする。そこでぼくらは、定食屋風にジェニスという生娘牛の腎臓で我慢します。値段は子牛の腎臓の五分の一です。味は少々強いが、独特の歯切れのよさ、ベーコンやポルトー酒の香りをつければ、ごちそうです。

かなりの大きさで、二つ買えば五、六人分になります。肉屋さんに頼めば、横半分に包丁を入れて、中心部にある白い脂と尿管をとりのぞいてくれる。これを家に持ち帰り、食べよい大きさに切り分けます。新鮮なものなら、水にさらしたりする必要もない。

フライパンにバターをたっぷりとり、強火でまず腎臓を炒め、小さく切ったベーコンとみじん切りにしたエシャロット二個を加える。マッシュルームがあったら、せん切りにして加えれば、さらにおいしくなる。

《ラ・プチット・フォンテーヌ》のゾラさんは、季節になるとマッシュルームのかわりにセープ茸を入れてくれる。全体に焼き色がついたら、塩、コショウ。ここで火を落としてフタをし、二十分くらい蒸し煮していきます。焦げそうだったら水を足してもいい。

仕上げにはポルトガル産の名高いワイン、ポルトーを半カップ加える。その甘さとコクが腎臓をまろやかな味にしてくれるからだ。やはり甘口のマデール酒でもいいし、ベルモット風味のマルティニでも面白い。同時に生クリームも半カップ加え、素早く煮詰めてから、大皿に盛りつけます。ハサミで細かくきざんだパセリをたっぷり散らしたい。つけ合わせは、バターライスかゆでジャガがいい。

こんな風に、炒めたり、フタをして蒸し煮したり、急速に煮詰めたり、などといくつかの調理法が組み合わされた一品には、ソトゥーズ鍋があると大いに助かる。出来上がりの美しさもプロ並みになるだろう。
ワインは、何がいいだろう。あまりコクがありすぎるとポルトーの風味がだいなしになるので、ボージョレ産、上品な風味のサン・タムールにした。

●食事の順序

家庭できちんと食べる時は、アントレ（前菜）、魚か肉を使ったメインの一皿、サラダ、チーズ、デザートの順でしょう。以前は魚料理プラス肉料理というのがあらたまった食事だったが、現在は客を招いていても、どちらか一品というのがふつうになってきている。これだとワイン選びも苦労しない。ただ食前にはアペリチフとオードブル、食後にはコーヒーとディジェスチフ（食後酒）をすすめます。

サラダは口直しという意味で、みんなが楽しみにしているチーズの前だけれど、チーズがカマンベール一品だけというような時は、一緒に出てくることも多い。また海の幸や生ハムが入っているミックスサラダなら、アントレとして出す。

簡単な夕食という時は、最初にスープをとり、あとはハムかオムレツかチーズにサラダですますというのが標準です。

シューを焼いてみよう

チョコレート風味シュークリーム

シュークリームの皮を焼き上げるのは、意外と簡単で、お菓子屋に負けないものが出来る。これは、コルドン・ブルーの「こども料理教室」に参加させてもらった時に覚えたものだ。小学校低学年の男の子だって、先生に手伝ってはもらったが、上手に作ってしまった。小さめに焼き上げたシューにアイスクリームを詰めてチョコレートソースをかけたものがプロフィトロールで、大人も子どもも目を輝かすデザートだ。

まずパット・ア・シューというシュー用の生

地を準備する。バター七十五グラムを小さく切って厚めの鍋に入れる。そこへ水二五〇cc、砂糖大サジ一杯、塩ひとつまみを加え火にかける。木のヘラでかき混ぜていき沸騰したら火を止める。ここで、ふるいにかけた小麦粉一五〇グラムをいっきに加え、やはりヘラで素早く混ぜ合わせると、鍋からきれいにはがれて大きな団子になるだろう。これをサラダボールなどに移し、玉子四個を加えるのだが、丁寧に割りほぐしたものを四、五回に分けて生地に加える。均一になるまでよく混ぜてから、次の分量を加えるというのがコツだ。最後は柔らかめの粘土という固さです。

ここで天火に火を入れて十五分ほど熱くしておく。目盛りは一八〇度前後。鉄板に薄くバターを塗ったら、その上に、絞り出し袋やスプーン二本を使ってシューの生地を並べていく。小さめに焼き上げたいので、だいたい大サジ一杯の分量だ。ふくらんで直径が二割増しになるので余裕をみて並べたい。これを天火に入れて十五分から二十分で色よく焼き上げる。途中で天火を開けてはいけません。せっかくふくらんでくれたシューが、シューとしぼんでしまう。焼き上がったら火を止め、天火を開けた状態にして、そのまま冷ますのがいい、というのが隣家のシャンタルさんのやり方だが、ぼくはとり出してグリルに並べて冷ます。

チョコレートソースは、小鍋に液体状の生クリーム一カップ弱をとって沸騰させ、細かく割ったチョコレート二〇〇グラムを加え、かき混ぜながらなめらかなソースを作る。これをバニラ・アイスクリームを詰めたシューの上からたっぷりかければ、台所まで入り込んできた暴れん坊たちの拍手を浴びることになる。

●クレーム・フレッシュ・リキッド　液体状の生クリームが小さなパックで販売されている。これをボールにあけて冷蔵庫で冷やす。このボールを氷水の上にのせ泡立てていき、しばらくしたら砂糖とバニラの粉かエッセンスを加える、さらにホイップし、泡だて器から落ちないくらいの固さになったら、クレーム・シャンティイ。大きめに焼いたシューを割って、このクリームを詰めイチゴやチェリーを飾れば、素敵なシュークリーム。

●ポッシュ・ア・ドゥイユ（絞り出し）　ポッシュ（袋）に固く泡立てたクリームなどを入れて絞り出し、シュークリームやケーキを飾ります。クリームを絞り出すにつれて、袋の口をだんだんねじり込んでいくのがコツだ。各種のドゥイユ（口金）がついています。

帆立貝のグラタン

繊細な味を生かしたい

クリスマスが近づくとパリの魚屋に並び始める帆立貝は、ノルマンディーなどから届く天然ものだけに、優しい甘さが格別だ。九センチ以下は捕獲禁止になっているが、やはり乱獲がたたり、以前のように大きなものがなくなったとこぼす人も多い。ぴっちり殻をしめている貝を、一人二個の見当で八個買う。面倒がりは、魚屋に開けてもらってもいいが、バルブ（ヒゲ）というヒモ（甘く煮付けると、コリコリとごきげんな酒のサカナ）も殻も、もらって帰ります。繊細な風味を満喫するには、刺身や網焼きにして醤油を落としたりというのが一番だが、これではフランス風にならない。そこで、半分は、生のままを高級レストラン風な前菜にしよう。生のままという食べ方をフランスに広めたのも、ヌーベル・キュイジーヌの功績かも知れません。

柱とオレンジ色の舌を冷水で丁寧に洗い、紙布巾の上にでも置いてよく水気を切る。これを薄くそぎ切りにし、オリーブ油を塗った大皿に美しく並べる。もう一度、オリーブ油をさっとひと塗り、コショウを挽きかけて、レモン添え。

もう半分は典型的なフランスの帆立貝料理、グラタンです。やはり、よく水洗いした柱と舌を、沸騰しているクール・ブイヨン（面倒だったら白ワインで蒸し煮）に入れて、数十秒。とり出したら、柱は三つほどに輪切り、舌は二つに割っておく。

二カップ分くらいの濃い目のベシャメルを作って、粉チーズを加え、ネバネバしたソース・モルネーを用意する。くぼんでいる方の殻半分までソースを入れ、さっきの帆立貝を並べます。さらにソースでおおって、粉チーズを振り、バターをのっけて天火に。火は強火。焼き色がついたら、熱いうちに食べたい幸せなアントレだ。

帆立貝の殻をとっておくと、値が張る帆立貝でなくても、白身の魚、エビ、ムール貝、アサリなどを入れてグラタンを焼くことができます。

ワインは、まろやかで品のある白。コット・デュ・ローヌ産のリラックはどうだろう。

●貝さまざま

フランス人もほとんどの貝を生で食べてしまう。クラム（ハマグリ）、少し小型のプレール、渋みが独特のアマンド・ド・メール、ヴェルニ（バカ貝の一種、薄く切って刺身が最高）など。いずれもかなりの値段でごちそうです。

安い貝は、ムール貝にコック（アサリの一種）。わが家は上品な風味のコックの大ファンで、ムール貝のように白ワインで煮たり、スパゲッティに入れたり、クラムチャウダーにしたり飽きることがない。ただ砂をくわえているので、塩水の中で半日以上砂をはかせる必要がある。

ビュロ（バイ貝）も手ごろな値段だ。塩ゆでしたものをアイオリ・ソースやマヨネーズで食べると素朴なおいしさ。

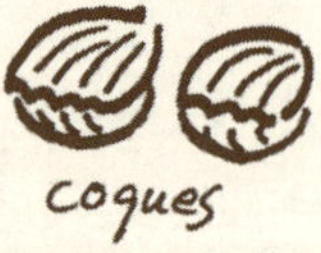

ぼくも、牛も、ビール好き

牛肉のビール煮

ベルギーに行くと、ビールについての考え方を一新させられてしまう。日本人やフランス人は、冷やしたビールをグイッとあおるように飲んで喉ごしの爽やかさを楽しむが、ベルギー人は、コクのあるビールをぬるいままでチビリチビリと味わう。ビールにワイン並み、あるいはそれ以上の格があるのです。そこで、フランス料理でのワインのごとく、料理にもよく使われることになり、ブリュッセルにはビール料理専門のレストランもあるくらいだ。ぼくらも、フランドル地方の名物料理、牛肉のビール煮に挑戦。ビールから出た甘さがご飯にも合い、日本人好みの味です。

牛肉は、脂が適宜に混じり柔らかく煮え上がるパルロン（肩から頸にかけての肉）か、バス・コット（肩ロース）がいいだろう。一キロほど買ってきて、コロコロっと切る。玉ネギ三、四個は、みじん切り。ココットのような厚い鍋に大サジ三杯ほどラードをとる。油でもいいが、ラードの方がコクが出るからだ。まず肉を炒める。しっかり色がついたらとり出しておく。同じ鍋で、玉ネギも炒めていき、透きとおってきたら、小麦粉を大サジ二杯振りかける。しばらく炒めたら、スープ一カップとビール三カップを少しずつ加えながらのばしていく。ビールはいろいろ試してみたが、ベルギーの《レフ》やフランス製の褐色ビール《ジャンラン》がコクがあって、おいしく出来上がるようだ。

ここで肉を戻して塩加減し、黒コショウを多めに挽きかけ、ブーケ・ガルニを入れる。丁字を二つほど入れるのもいい。ぼくは仕上がりの色をよくしたいので、カラメル・ソースを作っておいて加えた。弱火でコトコト二時間は煮ていきます。

ビールの甘い風味にコショウがアクセントになり、肉のおいしさが冴えている。つけ合わせはゆでジャガにしよう。同じようにトリを煮るのも素晴らしいが、ビールはサクランボの香りがするラ・クリックなどを使ったら、独特な風味になるでしょう。貴重なビールを使うんだから、トリは、肉質がしまった銘柄鶏を使いたい。目印は、そう、赤ラベルでしたね。

飲み物は、料理に使ったのと同じビールです。

●ベルギーのビール

ブリュッセルっ子のジェラールは、パリに来る時は、車のトランクいっぱいにさまざまなビールを持ってきてくれる。

「ビールはね、ワインとちがってチャンポンにしても悪酔いしないから、楽しいネ」

冷やして飲む生ビールだったらレフ。切れ味のいい飲み口の奥に芳醇な味。これのブリュンヌという褐色のものは、室温で飲みたい。

瓶詰になっているものは、室温でゆっくり味わうものがほとんどだ。冷たいとふくよかなおいしさが花開かないのだ。

すごく種類があるが、ぼくは、シメーとオルヴァルを注文してしまう。モール・シュビット（即死）という物騒な名前のビールもうまい。それぞれ決まったグラスに注がれるのも粋だ。

サクランボの甘酸っぱさを生かしたラ・クリックはアペリチフにいいし、小麦が原料で色が薄いビエール・ブランシュも、少々酸味があって爽やか。レモンを浮かべたりしたら夏一番のビールです。

パリでも、ビール専門の飲み屋が増え、いろんな味を楽しめるようになったのは、うれしいことだ。

ツルン、ツルンといくらでも入る

エビ入りワンタン

パリの中華街のレストランで、つくづくうまいなあと思うのが、澄んだスープに浮かんで出てくるエビ入りワンタン。日本語がかたことできる中華食料品店のおじさんに教わったレシピです。これを『オヴニー』に載せたとたん、二人の方から「得意料理になりました」といううれしい便りが届いたくらいに評判がいいものだ。わが家でも、フランス人の食いしん坊たちが押しかけてくる時の切り札的な前菜です。

まず中華街まで出かけていき、四角いワンタンの皮をひと包み買ってくる。四十枚ちょっと入っている。ついでに冷凍の無頭エビの殻つき（むきエビは味が落ちる）を五〇〇グラム、豚の三枚肉も四〇〇グラム挽いてもらう。脂身の多い方が口当たりが柔らかくおいしく仕上がる。白菜、ニラも買いましょう。

エビは解凍してから殻をとり、包丁で丁寧にたたいてミンチ状にする。ミキサーにかければ簡単だが、ねばりが出ません。白菜の葉を三枚ほどみじんに切って塩を振って軽くもみ、しばらくしたら絞って水気を切ります。玉ネギ一個もできるだけ細かくみじん切り。

以上を大きなボールにとり、豚肉も加える。塩、コショウ、醬油、酒少々、おろしショウガやニンニク、ゴマ油少々などで味をつける。あとでタレにつけて食べるのだから薄味を心がけることが大切だ。全体を手で優しくもみながら混ぜ合わせる。エビと肉にねばりがあるのでつなぎは不要。これで身がたっぷりのワンタン四十個分だ。ぼくは半分をニラ入りにする。

あんまり早く包むと水が出るので、お客さんが揃ったというところで楽しい戦闘開始。子どもたちも総動員したい。ワンタンの皮は餃子の皮よりくっつきにくいので、糊代に当たるところに指でさっと水をつけてからやるといい。あとは餃子を包むのと同じ要領。出来たものから、片栗粉を振ったお盆に並べましょう。

揚げたのもおいしいが、あっさりたくさん食べたいなら、ゆでるのが一番だ。餃子のタレでもいいが、ナムプラー（魚液を発酵させた醬油）＋同量のレモンの絞り汁＋

きざみ唐辛子というタレがおすすめ。砂糖も少々加える。トロンとした皮、エビと豚肉のみごとなコンビ、かすかなゴマ油の風味。超絶美味謝々！

●パリの中華街

十三区のイタリア広場近くと二十区のベルヴィル街にある中華街。歩道にまで白菜、ショウガ、マンゴーをつみ上げた中華食料品店が軒を並べる。青梗菜《チンゲンサイ》や雪菜、新ショウガがある。豚肉が安い。どこの部分でもきちんと挽いてくれる。自家製の腸詰めがある。干しナマコ、干しアワビ、干しエビ、スルメ（スープの大切な味の素になる）、冷凍エビも種類が豊富。麺も、エビ麺、玉子麺、生麺、焼きソバ用の麺とそろっている。オイスターソース、ナムプラー、豆板醤と目が回るような調味料の数々。中国料理のふところの深さに感嘆するばかりだ。

●シノワ（中国人）

ソースにダマダマができてしまった時とか、余分なものをのぞいてなめらかなソースを作りたい時、「中国人」という目の細かい漉し器を使う。底が浅い漉し器だとすぐに詰まってしまうけれど、この円錐形の中国人なら、底にダマダマがたまり上の方から液体が漉され続けていくという仕掛けです。

「ジョーズ」を食べてしまった

サメ、ホワイトソース

皮をはがれピンク色の細長い姿を恥ずかしそうに見せているのがサメです。ルセットというのが本名だけれど、ソモネット（小さなサケ）などという洒落た名前もついている。値段は安いが、丁寧に料理をすればなかなか繊細な味だ。

四人分で八〇〇グラム買ってくる。あまり持たないので、買った当日に食べるようにしたい。身の質はエイに似ていて焦がしバターをかけてもおいしいが、きょうはトロリとしたホワイトソースがお相手だ。

食べる二時間前に、サメを煮るクール・ブイヨンを準備する。鍋に水一リットルとり、ビネガー大サジ二杯、薄くスライスしたニンジン一本と玉ネギ一個、塩適量を加える。コショウも十五粒ほどつぶしてから入れます。沸騰したら弱火にし三十分ほど煮てから、冷ましておく。

サメを人数分に切り分けたら、底の広い鍋に並べ、冷めたクール・ブイヨンをそそいで火にかける。沸騰したら弱火にし、フタをして十五分ほど煮る。煮えすぎると身がパサパサになるので注意したい。

この間にホワイトソースの用意。フライパンにバターを大サジ二杯入れ、溶けたら、小麦粉を同量加える。よく混ぜ合わさったところで、水二カップをダマができないように少量ずつ加えていく。なめらかになったら、火から下ろし、溶いた玉子の黄身一個分を泡立て器を使って勢いよく混ぜ入れる。ふたたび火にかけグツグツといったらソースは出来上がり。火から下ろし、レモンの絞り汁、ケイパーとみじん切りのパセリをたっぷり加えましょう。

サメをダシからとり出して各人の皿に盛りつけ、ソースをかけます。つけ合わせはもちろんゆでジャガです。柔らかい身に優しいソースがなじんで、うまい。骨が軟骨状で身ばなれがよく、子どもたちにも「ジョーズを食べた！」などと歓迎される。

切り分けずに、全体に塩、コショウしてから天火で焼いて、プロヴァンス風にニンニクをきかしたトマトソースを添えてもおいしいものです。

ワインはムスカデだろうが、明るいルビー色が美しい、上品な香りのサンセールの赤で意表をつきたい。

●ブール・ブラン

ナントの近くの池でパトリック君が、大きなブラック・バスを釣り上げた。さっそくクール・ブイヨンで煮て、ソースは「ブール・ブランにしよう」

みじん切りにしたエシャロット大サジ三杯とビネガー大サジ一杯を小鍋に入れる。中火で沸騰させて完全に煮詰めたら、生クリームを大サジ一杯加えてまた少し煮詰める。そこへバター一〇〇グラム強を何回かに分けて入れ、泡立て器で静かに動かしながら溶け込ませる。グツグツといったら休みなく泡立て器を動かしながら火から下ろすが、「ここで即座に小サジ一杯の水をさし、煮えを止めてしまうのが秘訣」とパトリック君。塩、コショウして味をととのえれば、難しいという評判のブール・ブランが完成。「本格的なブール・ブランとちょっとちがうが、これだと絶対に分離しないし、味だって負けない」

湯がいたり、クール・ブイヨンで煮た魚に合う素敵なソースです。

保存食とは思えないおいしさ！

カモ肉の脂漬け

コンフィというのは、塩漬けにした豚肉やカモ、ガチョウの肉を、たっぷりの脂で気長に煮込んだのち、その脂ごと壺や瓶などに漬け込んだものだ。フランスに古くからある肉の保存法のひとつです。現在でもペリーゴールやランド地方で作られていて、同地方の名物料理カスレに欠かせない。瓶詰や缶詰をいくつか買い置きしておくと、短時間の調理で地方色豊かな一皿になるので、不意の客でもあわてなくてすむ。

先日、郵便配達夫のディディエさんのところにフランク・ザッパのビデオを返しにいったら、「カトリーヌは留守だけれど、昼ご飯をどうだい」

ごちそうになったのが、フランボワーズ風味のビネガーをきかしたカモのコンフィ。缶詰を開けると、カモのモモ肉が二つ、脂の中に埋もれている。それを脂ごと静かに鍋にとって、弱火にかける。油が全部溶けてグツグツいいはじめたら、火から下ろし、モモ肉だけをとり出す。「この方が酢の風味がよくきくので」と言いながら、肉を骨からはずし、大きさがそろうように切り分けた。

フライパンに鍋の脂をちょっぴりとり、肉を弱火で炒めていく。ジュージューといい匂いがしてきたところで、フランボワーズ風味のビネガーをひとすじかけ回したら出来上がり。じつに簡単です。

肉を炒めている間に、ロックフォール・チーズ大サジ二杯と半量のバターを混ぜ合わせてペーストを作り、薄く切ったポワラーヌの田舎パン二枚に塗る。さらに、その上にロックフォールの小さな塊とクルミをばらまいてから、天火のグリルで焼けば、ほっぺたが落ちそうなロックフォールのクロック・ムッシュー！　コンフィと同郷のチーズというのが、にくい演出だ。

皿に肉を盛りつけ、ちぢれ葉のサラダ菜を添える。果物の香りがきいた酸味で、肉のうま味が生き生き。「一口大に切って面どりしたジャガイモを七分目にゆで、カモの脂（美味で、ラードのように使えます）でニンニクの香りもつけながらキツネ色になるまで炒めたものも、つけ合わせにうまい」

ワインはマディランでした。四年前のもので、力強さの中に優しさが隠れている。

●フォワ・グラ

カモやガチョウに無理食いさせて脂肪たっぷりのとけるようなレバーを創造してしまった、フランス人の食いしん坊ぶりには頭が下がる。高価な食品だが、クリスマスや大晦日のごちそうです。レバーの形そのままを買ってきて調理するのは予算が大変なので、ぼくらはブロックになって缶詰になっているものを買ってきた方が無難でしょう。缶詰から出す時は、缶詰ごとお湯にしばらくつけてから逆さにすると皿の上にきれいに滑り落ちる。

薄く輪切りにして、各人の皿に盛りつける。トーストしたパンを、冷めないようにフキンで包んで添えましょう。口に媚びながらレバーが溶けていく時の快感はたとえようがない。そして舌にかすかに残る渋さの微妙さ。もう芸術です。ワインはボルドーの甘口の白ソーテルヌということになっているが、ブルゴーニュのふくよかな白やシャンペンもいい。

foie gras truffé

ジャガイモ料理の傑作

グラタン・ドーフィノワ

ゆでても、煮ても、焼いても、揚げてもおいしいジャガイモ。天火でグラタンにしたこの一品は、少し手がかかるだけに食べる機会が少ないのだろうか、食卓についたフランス人からも「ブラボー」と歓声が挙がってしまう。グラタン・ドーフィノワという名前から想像できるように、もともとはドーフィネ地方の名物料理。ビフテキや羊肉のグリルに添えれば、冬のごちそうです。

なるべくなら新ジャガを一キロ買ってくる。皮をむいてから、二、三ミリの厚さに輪切り。底の広い天火皿にバターを塗り、おろしたグリュイエールチーズを敷く。こうするとグラタンの底にも焼き色がついて、うまさが増すからです。この上にジャガイモをきれいに並べていく。一キロで二段の厚さになるだろう。ドーフィネ地方、グルノーブル出身のクロチルドさんは、ジャガイモ各段の上におろしニンニクを振りまくことが大切、とコツを教えてくれた。

玉子二個をよくほぐし、塩を小サジすりきり一杯加える。ここに生ぬるくした牛乳半リットルを少しずつ加えていく。ナツメグ少々をアクセントにするのもいい。これをジャガイモの上から静かにそそぎ、おろしたグリュイエールチーズをたっぷりと振りかけ、バターの塊をチョンチョンとおいてから中火の天火に入れる。クロチルドさんは、玉子なし。牛乳と生クリームを半々にしたものを、ヒタヒタという感じにそそいで焼く。

四十分ほどで、表面が美しい黄金色に焼き上がってくるだろう。ここでぼくは焦げすぎないように、アルミホイルで全体をおおってしまう。さらに十分で出来上がり。熱々を食卓に出したい。

香ばしく焼けたグリュイエール、ホクホクとしたジャガイモ、いくらでも食べられそう。四人で一キロはすぐになくなってしまいます。クロチルドさんの旦那さんショーン君に味見をしてもらったら、「どっちもそれぞれにうまい」と逃げられてしまった。

ジュラ山地で作られる、独特な風味をもった辛口で果物の香り豊かなアルボワのロゼがあったら、贅沢に尽きます。

●ポム・ドーフィネ

グラタン・ドーフィノワと名前が似ているが、これはマッシュポテトとシューの種を混ぜて揚げたものだ。ジャガイモは五〇〇グラムほど、ゆでたらつぶしてマッシュポテト。インスタントなら固めに作る。シューの種は、プロフィトロールを作った時と同じ要領、同じ分量です。これにマッシュポテトを混ぜ込んだら、熱い油（温度はテンプラぐらい）に、スプーンで落としながら揚げていく。ふっくらとふくらんできれいな焼き色がついたら出来上がりです。カラッと揚がっているけれど、中は柔らかな口当たり。ロースト・ビーフのつけ合わせに最高だ。

●マッシャー

マッシュポテトも、時々手作りすれば、段ちがいのうまさです。ゆで上げたジャガイモをこの道具でつぶし、温かい牛乳少量を加えて好みの固さにし、最後に塩、コショウ、バターで味をととのえる。

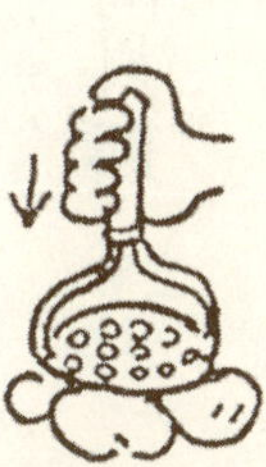

プロレスラーなら丸ごとかじる？

七面鳥のモモ肉料理

鳥肉屋で七面鳥の巨大なモモ肉を売っている。ふつうのトリのモモの三倍は楽にありそうだ。一つ一キロちょっとあるはずだ。高くない肉だから大いに活用したい。骨つきのままローストにしてもおいしいが、きょうは鳥肉屋さんに中の太い骨をはずしてもらい、その骨のあったところへおいしい詰め物を入れて焼くことにする。シェール・ア・ソシスという詰め物用の豚の挽き肉も三〇〇グラム買ってくる。モモ肉の厚くなっているところは、あとで包みやすいように包丁を入れ、観音開きのように広げておこう。

みじん切りにしてバター炒めした玉ネギ一個、細かくした食パン二、三枚、みじん切りのパセリ大サジ二杯、挽き肉、以上をよくこねあわせ、コショウをきかせる。これがトリ料理の詰め物としては一般的なものです。これをモモ肉の真ん中に置く。丁寧に肉をかぶせ、糸でクルクル極太に巻き上げる。面倒だったら楊枝で止めてもいいでしょう。少しくらい形がゆがんでも気にしません。熱くなった天火に皮の方を上にして七面鳥を入れる。一時間ちょっとで皮にきれいな焼き色がついたら、とり出します。

天火皿にポルトーやマデール酒を、なかったら赤ワインをコップ半杯ほど入れて、肉のうま味を木のヘラを使って溶かし込むようにし、小鍋に移す。赤ワインの場合は、グロゼイユ（スグリ）のジャムやハチミツなどを少量加えて甘さをつけ加えたい。これを少々煮詰めて味をととのえれば素敵なソース。

カリッとした皮、詰め物のおかげでしっとりとした肉、また作りたくなるおいしさです。つけ合わせにはマッシュポテトとか季節の野菜の炒め煮などが合う。秋だったら栗にキノコがふさわしい。翌日冷めたものを薄く切って、ピックルスと一緒にサンドイッチにすると絶品です。

この七面鳥のモモ、やはり骨をはずしてからブツ切りにして、子牛同様にクリームシチューにするのもおすすめだ。

ワインは、若いガメー・ド・トゥーレーヌがいい。ボージョレと同じくガメー種のぶどうが原料だから、果物の香りが前面に出て、優しい味わいだ。

●コルドン・ブルー

子どもたちが給食で一番好きなものといったら、多分この「コルドン・ブルー」。エスカロップと呼ばれる七面鳥のムネ肉を人数分薄く切ってもらう。さらに包丁を横に入れて開き、両面に塩、コショウ。ここにハムと薄切りのグリュイエールチーズを入れて、肉ではさみフライにしたものが、「コルドン・ブルー」。熱いグリュイエールが糸を引いて、みんなニッコリ。フライドポテトを添える。

●フリトゥーズ

フライドポテトは好きだけれど、油が飛ぶからという人には、このフリトゥーズ。付属の耐熱ガラス製のフタをして揚げれば、全然油の被害なし。ただ油は一リットル半くらい必要だ。二度揚げすれば、カラッと揚がる。とり出すのもグリルがついているのでいっぺんです。

冬ならではの名コンビ

キャベツと豚肉の煮物

一年中あるキャベツだが、脂たっぷりの肉と組み合わせて、柔らかくなるまで煮込んだ一品は、冬ならではの味わいだ。こんな料理にはオランダで栽培されているシュー・ブラン（白いキャベツ）よりは、フランス各地で栽培されているシュー・ヴェール（緑のキャベツ）の方がいい。特に葉がちぢれているシュー・ド・ミラン（ミラノ産）と呼ばれるキャベツが一番だ。キャベツは大きいものなら一玉で六人分くらい。外側の固い葉を数枚とりのぞいたら、芯のところでつながるようにして半分または四つに割って、十五分ほど酢水に漬ける。これで葉の奥にぬくぬくと隠れていた虫も逃げ出してしまいます。これをたっぷりの水で七分ほどゆで、水気を切っておく。

肉料理の脇皿として作るなら、豚肉は三枚身少々で充分だが、これ一品という料理にしたい時は、脂肪がおいしく混じっているエシーヌ（骨付きの背肉）とかスペアリブのところを一キロ買ってくる。

厚い鍋にラードをたっぷりとり、焼き色がつくまで肉を炒める。ベーコンを少々加えて、いぶし風味をきかせてもよい。ここでトリガラのスープを、インスタントのものでもいいから、半リットルほど加える。コショウ、ブーケ・ガルニ、丁字を二本ほど刺した玉ネギ、輪切りにしたニンジンも二本入れ、フタをして四十五分ほど煮ます。

先ほどのキャベツを、もう一度手で軽く押しながら水気を抜き、肉に加える。フタをきっちりし、弱火でもう四十五分煮れば出来上がりです。途中、フライ返しなどで慎重にキャベツをひっくり返したり、スプーンで時々スープをかけてやる心がけを忘れないようにしたい。

ポテを作る時に使ったドミ・セルあるいはプチ・サレと呼ばれる塩漬け豚肉を、塩抜きしてから使うと、より柔らかいおいしさになります。フランクフォールや燻製されたモンベリアールなどのソーセージと一緒に煮るのも、庶民のごちそうです。

こういう脂っこい料理には、コクのある力強い赤ワインがほしい。コット・デュ・ローヌが誇るシャトーヌフ・デュ・パップで乾杯しましょう。

●シュークルート

酸っぱいキャベツの漬け物とさまざまのソーセージや豚のスネ肉を煮込んだシュークルートは、パリのブラッスリー（大食堂）の名物だ。アルザス料理なので、店によってはアルザスの民族衣装を着た美女たちがサービスしてくれたりする。家庭で作る時は、酢キャベツを煮るのにすごい時間がかかるから、インチキしたい。

シャルキュティエ（豚肉屋）で、すでに煮てあるキャベツを売っているから、一人当たり二〇〇グラムは買ってくる。ついでにハム、ストラスブール・ソーセージ、ベーコンなども買い求める。まず適当な大きさに切ったベーコンを炒めたら、酢キャベツを入れ、上等の白ワインを振りかける。ソーセージはキャベツに突っ込んでおく。フタをして弱火で二十分くらい煮たらハムを入れ、五分ほどで完成。ゆでジャガも加えて食卓へ。

ワインは、もちろんアルザスの白です。

マルディ・グラ（謝肉祭）だから

塩味のクレープ

二月二日はシャンドルールと呼ばれ、フランスでは古くは畑仕事の始まりの日だった。そこで、その年の収穫を祈りながら、太陽を象徴する丸い形のクレープを食べる習慣があったという。また同じ二月のマルディ・グラで、仮装した子どもたちがそろったりした時も、やっぱりクレープ作りでにぎやかになる。ポテッと重かったり、フライパンにくっついて大騒ぎになったりしないコツを教えましょう。

塩味用だったら、ブルターニュ風に、黒い麦と呼ばれているファリーヌ・ド・サラザン（そば粉）だけというのが一番だけど、こわれやすいので小麦粉も適宜に混ぜながら二五〇グラムを大きなボールにとる。真ん中をくぼませ、溶きほぐした玉子を二個落とし、塩ひとつまみ、牛乳二カップを加え、泡立て器でよくかき混ぜる。これに、さらに一カップ半ほどの牛乳を少しずつ入れて、溶きのばしていくわけだが、ぼくはビールと水を使う。このビールが酵母がわりにもなって、クレープを薄く軽く焼き上げる秘訣。最終的には、泡立て器から糸を引きながらゆっくり流れ落ちるという感じです。溶かしバターを五十グラムほど混ぜ入れ、一時間ねかせておこう。これで十数枚分だ。

大きいフライパンを熱くし油を薄くひいたら、クレープの種を小さなお玉一つ入れ、フライパンを傾けながらまんべんなく薄く広げる。種がドロリとしていて薄くならないなら、牛乳を足せばいい。中火で焼いていき、縁がそってきたらひっくり返す。

ここで何を入れようか。一枚目はベーシックな玉子、ハム、チーズ入り。玉子をクレープの真ん中に落とし、黄身をこわさないようにフォークで白身だけを一面に広げる。白身の上に適当に切ったハムと、おろしたグリュイエールチーズをのせたら、縁を折り、黄身が真ん中にくるようにしながら四角い形にして焼き上げます。このそば粉クレープ、何を入れてもうまい。あらかじめ炒めておいたベーコン、アンドゥイユ、スモークサーモン（レモンや生クリームを添える）、アンチョビー、ホウレン草のクリーム煮などなど。

クレープと一緒に飲むのは、甘くないシードル（リンゴ酒）ということになっている。

●甘いクレープ

おやつ、デザート用の甘いクレープは、小麦粉だけというのがふつうだ。バニラエッセンスやラム酒で香りをつけるとおいしさが増す。

軽く焼き色がついたところで、フライ返しなどを使って、慎重に返したら、真ん中から半分にバターを塗って砂糖を振りかける。ここで片側を折りかぶせて半月型にすれば出来上がり。これにグラン・マルニエ酒やコニャックなどを振りかけてフランベしたものはうまい。ジャムやマロンクリームや溶かしチョコレートを塗ったりしたら、子どもたちの目が輝いて忘れられないカーニバルになるだろう！

●クレピエール

クレープ専用の鋳物製。どっしりとした厚さだから、信じられないほど薄くムラなくきれいに焼ける。縁も低いので、ひっくり返すのも楽です。直径二十五センチくらいのものがいいでしょう。

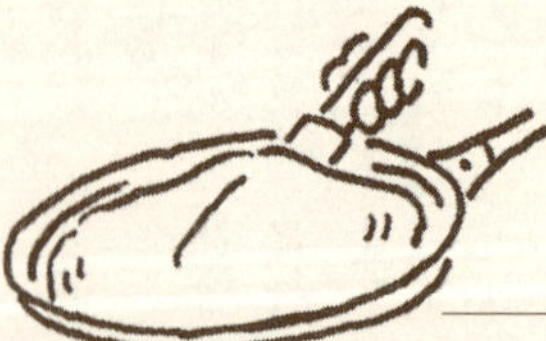

文庫のためのあとがき

この『パリっ子の食卓』の初版は一九九五年というから、二十年以上前のことだ。その間にパリの街もずいぶんと変わってきた。食に限っても、なじみだった店が姿を消したり、家庭料理を出してくれる定食屋がすっかり少なくなってしまった。でも幸いに、パリの朝市のにぎわいはこれまで以上だし、八百屋は色とりどりの野菜や果物で溢れ、魚屋のサバやタイは目が輝き、料理する喜びは変わらない。

この一冊が文庫に入ることになったので、もう一度じっくりと読み直してみた。ぼく自身、今晩なにを作ろうかなと迷ったりする度にページをめくっているのだが、今でも十分に使えるレシピたちばかりだ、と大いに安心した。文庫になってサイズが小さくなった分、台所に持ち込まれても場所をとらないのも長所かな、などと思っている。

単行本の時の装丁などでこれまでいろいろと支えてもらった稲葉宏爾さん、ぼくの手料理を笑顔で味わってくれた友人や家族たち、文庫化にあたってお世話になった河出書房新社の渡辺真実子さん、メルシ・ボクー！

◎本書は、一九九五年に小社から刊行された『パリっ子の食卓 四季の味90皿』の新装新版『パリっ子の食卓 フランスのふつうの家庭料理のレシピノート』（二〇一三年、小社刊）を文庫化したものです。
◎文庫化にあたって、加筆修正をおこないました。

パリっ子《こ》の食卓《しょくたく》
フランスのふつうの家庭料理《かていりょうり》のレシピノート

二〇一九年 八 月二〇日 初版発行
二〇二四年 七 月三〇日 3刷発行

著　者　佐藤真《さとうまこと》
発行者　小野寺優
発行所　株式会社河出書房新社
〒一六二-八五四四
東京都新宿区東五軒町二-一三
電話〇三-三四〇四-八六一一（編集）
〇三-三四〇四-一二〇一（営業）
https://www.kawade.co.jp/

ロゴ・表紙デザイン　粟津潔
本文フォーマット　佐々木暁
印刷・製本　中央精版印刷株式会社

Printed in Japan ISBN978-4-309-41699-1

巴里の空の下オムレツのにおいは流れる

石井好子　41093-7

下宿先のマダムが作ったバタたっぷりのオムレツ、レビュの仕事仲間と夜食に食べた熱々のグラティネ――一九五〇年代のパリ暮らしと思い出深い料理の数々を軽やかに歌うように綴った、料理エッセイの元祖。

東京の空の下オムレツのにおいは流れる

石井好子　41099-9

ベストセラーとなった『巴里の空の下オムレツのにおいは流れる』の姉妹篇。大切な家族や友人との食卓、旅などについて、ユーモラスに、洒落っ気たっぷりに描く。

バタをひとさじ、玉子を3コ

石井好子　41295-5

よく食べよう、よく生きよう――元祖料理エッセイ『巴里の空の下オムレツのにおいは流れる』著者の単行本未収録作を中心とした食エッセイ集。50年代パリ仕込みのエレガンス溢れる、食いしん坊必読の一冊。

季節のうた

佐藤雅子　41291-7

「アカシアの花のおもてなし」「ぶどうのトルテ」「わが家の年こし」……家族への愛情に溢れた料理と心づくしの家事万端で、昭和の女性たちの憧れだった著者が四季折々を描いた食のエッセイ。

マスタードをお取りねがえますか。

西川治　41276-4

食卓の上に何度、涙したかで男の味覚は決まるのだ――退屈な人生を輝かせる手づくりのマスタードや、油ギトギトのフィッシュ・アンド・チップス。豪快かつ優美に官能的に「食の情景」を綴った名エッセイ。

早起きのブレックファースト

堀井和子　41234-4

一日をすっきりとはじめるための朝食、そのテーブルをひき立てる銀のポットやガラスの器、旅先での骨董ハンティング…大好きなものたちが日常を豊かな時間に変える極上のイラスト＆フォトエッセイ。